1 Ernährung, Verdauung, Resorption

2 Fettsäuren und Lipide

3 Leber

Index

Dr. Nuh N. Rahbari

Biochemie 7

MEDI-LEARN Skriptenreihe

6., komplett überarbeitete Auflage

MEDI-LEARN Verlag GbR

Autor: Dr. Nuh N. Rahbari
Fachlicher Beirat: Timo Brandenburger

Teil 7 des Biochemiepaketes, nur im Paket erhältlich
ISBN-13: 978-3-95658-001-7

Herausgeber:
MEDI-LEARN Verlag GbR
Dorfstraße 57, 24107 Ottendorf
Tel. 0431 78025-0, Fax 0431 78025-262
E-Mail redaktion@medi-learn.de
www.medi-learn.de

Verlagsredaktion:
Dr. Marlies Weier, Dipl.-Oek./Medizin (FH) Désirée Weber, Denise Drdacky, Jens Plasger, Sabine Behnsch, Philipp Dahm, Christine Marx, Florian Pyschny, Christian Weier

Layout und Satz:
Fritz Ramcke, Kristina Junghans, Christian Gottschalk

Grafiken:
Dr. Günter Körtner, Irina Kart, Alexander Dospil, Christine Marx

Illustration:
Daniel Lüdeling

Druck:
A.C. Ehlers Medienproduktion GmbH

6. Auflage 2014
© 2014 MEDI-LEARN Verlag GbR, Marburg

Das vorliegende Werk ist in all seinen Teilen urheberrechtlich geschützt. Alle Rechte sind vorbehalten, insbesondere das Recht der Übersetzung, des Vortrags, der Reproduktion, der Vervielfältigung auf fotomechanischen oder anderen Wegen und Speicherung in elektronischen Medien.
Ungeachtet der Sorgfalt, die auf die Erstellung von Texten und Abbildungen verwendet wurde, können weder Verlag noch Autor oder Herausgeber für mögliche Fehler und deren Folgen eine juristische Verantwortung oder irgendeine Haftung übernehmen.

Wichtiger Hinweis für alle Leser
Die Medizin ist als Naturwissenschaft ständigen Veränderungen und Neuerungen unterworfen. Sowohl die Forschung als auch klinische Erfahrungen führen dazu, dass der Wissensstand ständig erweitert wird. Dies gilt insbesondere für medikamentöse Therapie und andere Behandlungen. Alle Dosierungen oder Applikationen in diesem Buch unterliegen diesen Veränderungen.
Obwohl das MEDI-LEARN Team größte Sorgfalt in Bezug auf die Angabe von Dosierungen oder Applikationen hat walten lassen, kann es hierfür keine Gewähr übernehmen. Jeder Leser ist angehalten, durch genaue Lektüre der Beipackzettel oder Rücksprache mit einem Spezialisten zu überprüfen, ob die Dosierung oder die Applikationsdauer oder -menge zutrifft. Jede Dosierung oder Applikation erfolgt auf eigene Gefahr des Benutzers. Sollten Fehler auffallen, bitten wir dringend darum, uns darüber in Kenntnis zu setzen.

Inhalt

1	Ernährung, Verdauung, Resorption	1

- 1.1 Grundlagen 1
- 1.1.1 Nährstoffklassen und die ausgewogene Ernährung 1
- 1.1.2 Physiologischer und physikalischer Brennwert 1
- 1.1.3 Kalorisches Äquivalent 2
- 1.1.4 Respiratorischer Quotient 2
- 1.1.5 Essenzielle Nahrungsfaktoren 3
- 1.2 Proteine/Eiweiße 4
- 1.2.1 Proteinzufuhr 4
- 1.2.2 Biologische Wertigkeit 4
- 1.2.3 Stickstoffbilanz 5
- 1.3 Hungerstoffwechsel 5
- 1.4 Parenterale Ernährung 7
- 1.5 Verdauungssekrete 10
- 1.5.1 Mundspeichel 10
- 1.5.2 Magensaft 10
- 1.5.3 Bauchspeichel 11
- 1.5.4 Galle 12
- 1.6 Proenzyme 14
- 1.7 Verdauung der Kohlenhydrate 15
- 1.7.1 Abbau der Kohlenhydrate 15
- 1.7.2 Aufnahme der Monosaccharide in die Enterozyten 15
- 1.7.3 Abgabe der Monosaccharide ans Blut. 16
- 1.7.4 Regulation der intestinalen Glucoseresorption 16
- 1.8 Verdauung der Proteine 17
- 1.8.1 Abbau der Proteine 17
- 1.8.2 Resorption der Proteine 17
- 1.9 Verdauung der Fette 17

2	Fettsäuren und Lipide	24

- 2.1 Chemie der Fettsäuren und Lipide 24
- 2.1.1 Nicht verseifbare Lipide 24
- 2.1.2 Verseifbare Lipide 26
- 2.2 Funktionen der Lipide 28
- 2.3 Abbau der Triacylglycerine und Fettsäuren 29
- 2.3.1 Lipolyse im Fettgewebe 30
- 2.3.2 Fettsäureabbau (β-Oxidation) 31
- 2.4 Ketonkörper 34
- 2.4.1 Ketogenese (Bildung der Ketonkörper) 34
- 2.4.2 Ursachen gesteigerter Ketonkörperbildung 35
- 2.4.3 Verwertung der Ketonkörper 37
- 2.5 Biosynthese der Fettsäuren 37
- 2.5.1 Acetylgruppentransfer aus dem Mitochondrium ins Zytosol 38
- 2.5.2 Acetyl-CoA-Carboxylasereaktion 38
- 2.5.3 Ablauf der Fettsäurebiosynthese 40
- 2.6 Biosynthese der Triacylglycerine 41
- 2.7 Cholesterinbiosynthese 43
- 2.7.1 Ablauf der Cholesterinbiosynthese 43
- 2.7.2 Regulation der Cholesterinbiosynthese 44
- 2.8 Lipoproteine 44
- 2.8.1 Aufbau und Funktion der Lipoproteine 44
- 2.8.2 Einteilung der Lipoproteine 44
- 2.8.3 Stoffwechsel der Lipoproteine 45

3	Leber	48

- 3.1 Stoffwechselfunktionen der Leber 48
- 3.1.1 Glucose-Stoffwechsel 48
- 3.1.2 Lipidstoffwechsel 48
- 3.1.3 Protein-Stoffwechsel 49
- 3.1.4 Weitere Stoffwechselleistungen in der Leber 49
- 3.2 Biotransformation (Entgiftung) 50
- 3.2.1 Phase I (Umwandlungsreaktionen) 51
- 3.2.2 Phase II (Kopplungsreaktionen) 51

Ihre Arbeitskraft ist Ihr Startkapital. Schützen Sie es!

DocD'or – intelligenter Berufsunfähigkeitsschutz für Medizinstudierende und junge Ärzte:

- Mehrfach ausgezeichneter Berufsunfähigkeitsschutz für Mediziner, empfohlen von den großen Berufsverbänden

- Stark reduzierte Beiträge, exklusiv für Berufseinsteiger und Verbandsmitglieder

- Versicherung der zuletzt ausgeübten bzw. der angestrebten Tätigkeit, kein Verweis in einen anderen Beruf

- Volle Leistung bereits ab 50 % Berufsunfähigkeit

- Inklusive Altersvorsorge mit vielen individuellen Gestaltungsmöglichkeiten

Lassen Sie sich beraten!

Nähere Informationen und unseren Repräsentanten vor Ort finden Sie im Internet unter www.aerzte-finanz.de

Standesgemäße Finanz- und Wirtschaftsberatung

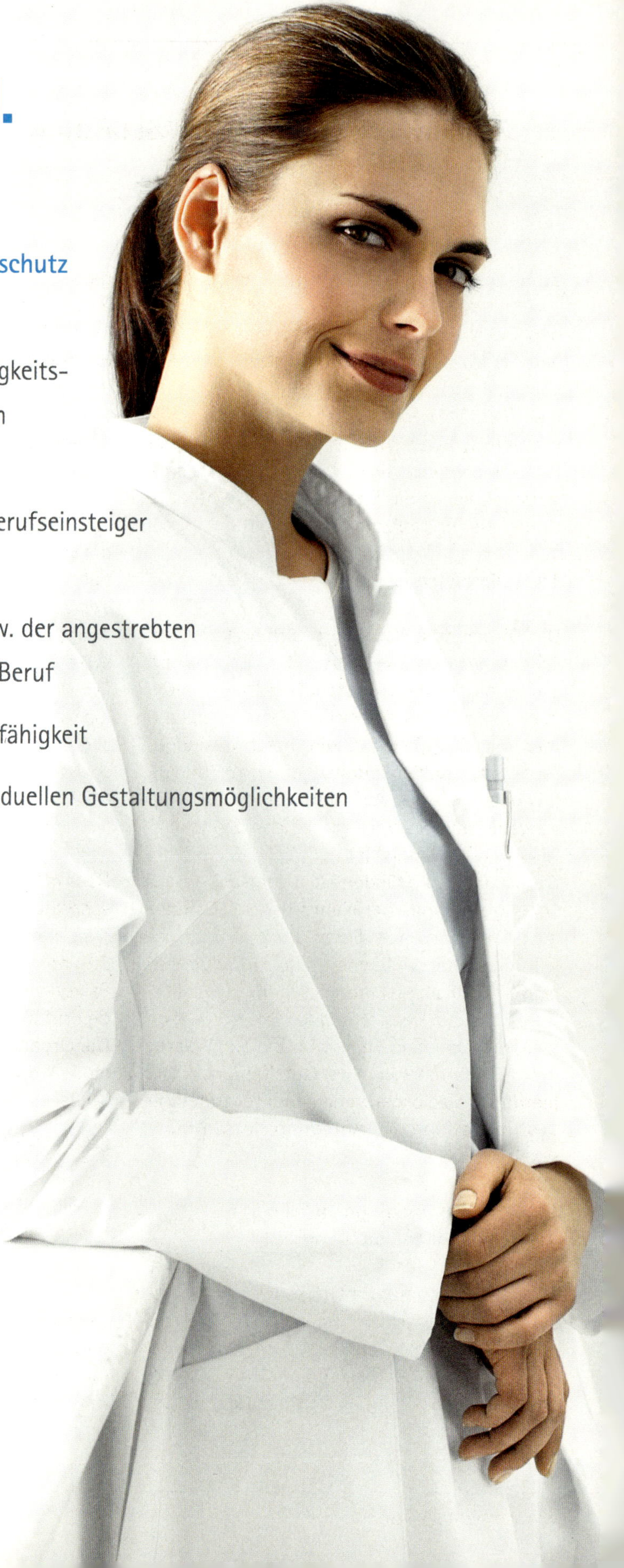

1 Ernährung, Verdauung, Resorption

Fragen in den letzten 10 Examen: 40

Zu Beginn dieses ersten Kapitels werden dir zunächst einige Begriffe vorgestellt, nach denen im Physikum immer wieder gerne gefragt wird. Nach diesem etwas trockenen Einstieg kommen wichtige biochemische Grundlagen, die über das Physikum hinaus auch in der Klinik eine wichtige Rolle spielen. Hast du diese Prinzipien verinnerlicht, wirst du ein besseres Verständnis für die Entstehung und Therapie zahlreicher Erkrankungen erlangen.

1.1 Grundlagen

Der Körper muss Nahrung zu sich nehmen, um seinen täglichen **Energiebedarf** zu decken und **essenzielle Nahrungsbestandteile** (Substanzen, die er nicht selbst synthetisieren kann) aufzunehmen. Der Energiebedarf wird durch die aufgenommenen Kohlenhydrate, Fette und Proteine (Eiweiße) gedeckt. Auf die essenziellen Nahrungsbestandteile wird an späterer Stelle ausführlich eingegangen (s. 1.1.5, S. 3).

Ballaststoffe sind für den Menschen unverdauliche Bestandteile der Nahrung (z. B. Cellulose). Diese können im Darm durch Mikroorganismen zu kurzkettigen Fettsäuren abgebaut werden. Dabei entstehen Darmgase (u. a. Methan), welche als Blähungen symptomatisch werden können. Ballaststoffe können Wasser binden und besitzen eine Quellfähigkeit. Die hierdurch hervorgerufene Volumenzunahme des Stuhls führt zur Anregung der Darmperistaltik.

1.1.1 Nährstoffklassen und die ausgewogene Ernährung

Es ist allgemein bekannt, dass eine ausgewogene Ernährung wichtig für unsere Gesundheit ist. Aber was genau bedeutet „ausgewogen"? Neben der Quantität (die mit der Nahrung aufgenommenen Kalorien) spielt bei einer ausgewogenen Ernährung vor allem die **Qualität** eine wichtige Rolle. Die Qualität der Nahrung wird vom Verhältnis der Nährstoffklassen zueinander bestimmt. Nahrung wird dabei in **drei verschiedene Nährstoffklassen** unterteilt:
– Kohlenhydrate,
– Fette und
– Proteine.

Laut Empfehlung der WHO (Weltgesundheitsorganisation) sollte in einer ausgewogenen Ernährung der Anteil der Kohlenhydrate 60 %, der der Fette 25 % und der der Proteine 15 % betragen. Leider sieht die Realität anders aus: In unserer heutigen Esskultur mit ihrem hohen Fleischkonsum wird dieses Verhältnis allzu oft nicht eingehalten und ist stattdessen erheblich zugunsten der Fette verschoben.

1.1.2 Physiologischer und physikalischer Brennwert

Das Thema Brennwert spielt nicht nur für das schriftliche Examen eine wichtige Rolle, sondern wird auch gerne in der mündlichen Prüfung behandelt. Hast du die hier dargestellten Fakten verinnerlicht, so bist du jedoch für beide Prüfungen sehr gut vorbereitet.

Der Organismus baut die verschiedenen Nährstoffe – unabhängig von ihrer Klasse – zu ATP, Kohlendioxid, Wasser und Wärme ab.

> **Merke!**
>
> Nährstoff + O_2 → ATP (Energie) + CO_2 + H_2O + Wärme (+ Ammoniak, beim Proteinabbau)

Beim Abbau der Proteine/der Aminosäuren entsteht als zusätzliches Abbauprodukt Ammoniak, welcher im Harnstoffzyklus weiter zu Harnstoff abgebaut/entgiftet werden muss.

1 Ernährung, Verdauung, Resorption

An dieser Stelle wird es Zeit, sich den Unterschied zwischen dem physiologischen und dem physikalischen Brennwert klar zu machen: Während der **physikalische** Brennwert die gesamte frei werdende Energie bei der Reaktion eines Nährstoffs mit Sauerstoff im Kalorimeter angibt, beschreibt der physiologische Brennwert nur den frei werdenden Energiebetrag eines Nährstoffs, der dem Organismus auch wirklich zur Verfügung steht.

Die Werte für den physiologischen und physikalischen Brennwert sind für Fette und Kohlenhydrate annähernd identisch. Für den Abbau von **Proteinen** unterscheiden sie sich jedoch, da das Endprodukt des Proteinstoffwechsels (Harnstoff) selbst noch Energie (und somit einen eigenen physikalischen Brennwert) enthält. Diese Restenergie kann der Organismus jedoch nicht weiter nutzen. Daher ist der physikalische Brennwert der Proteine höher als ihr physiologischer.

In Tab. 1, S. 2 sind die physikalischen und physiologischen Brennwerte der drei Nährstoffklassen aufgelistet. Leider ist es notwendig, dass du dir diese Zahlenwerte merkst, da sie im Physikum gerne erfragt werden.

Nährstoffklasse	physikalischer Brennwert	physiologischer Brennwert
	= bei vollständiger Reaktion mit O_2 frei werdende Energie	= für den Organismus verfügbarer Energiegehalt
Kohlenhydrate	17 kJ/g	17 kJ/g
Fette	37 kJ/g	37 kJ/g
Proteine	23 kJ/g	17 kJ/g

1 kcal = 4,184 kJ

Tab. 1: Darstellung des physiologischen und physikalischen Brennwerts für die einzelnen Nährstoffklassen

> **Übrigens …**
> Nur weil es schon mal gefragt wurde: Soll bei einer kohlenhydratarmen Diät z. B. eine tägliche Menge von 50 g Kohlenhydraten durch Proteine ersetzt werden, die den gleichen physiologischen Brennwert haben, benötigt man dafür 50 g Proteine. Die tägliche Energiezufuhr sollte bei Frauen 2300 kcal und bei Männern 2900 kcal betragen (Alter 25–51 Jahre).

1.1.3 Kalorisches Äquivalent

Unter dem kalorischem Äquivalent versteht man die **Wärmemenge**, die durch die Reaktion eines Nährstoffs mit einem Liter Sauerstoff entsteht. Es beträgt für alle Nährstoffe ca. 20 kJ/l O_2 (~ 5 kcal/l O_2).

Wichtig ist der Unterschied zur Definition des Brennwerts: Während der Brennwert als Energiemenge pro festgesetzte Substratmenge (Energie pro Gramm Substrat, bei variablem Sauerstoffverbrauch) definiert ist, beschreibt das kalorische Äquivalent die Energiemenge pro festgesetzter Sauerstoffmenge (Energie pro Liter Sauerstoff, bei variabler Substratmenge). Da Fette aber erheblich energiereicher sind als Kohlenhydrate und Eiweiße, müssen zum Erreichen des kalorischen Äquivalents mehr Kohlenhydrate und Eiweiße als Fette verbrannt werden (unterschiedliche Substratmenge).

1.1.4 Respiratorischer Quotient

Ein weiterer Begriff, den du dir merken solltest, ist der des respiratorischen Quotienten: Der respiratorische Quotient (RQ) gibt das Verhältnis von **abgegebenem CO_2** zu **aufgenommenem O_2** (CO_2/O_2) wieder. Für die Verstoffwechselung der einzelnen Nährstoffklassen erhält man die folgenden Werte:
- Kohlenhydrate: 1.0
- Fette: 0.7
- Eiweiße: 0.85

> **Übrigens …**
> Die Differenz der Werte von Fetten und Eiweißen gegenüber den Kohlenhydraten lässt sich dadurch erklären,

dass deren Bestandteile (Fettsäuren und Aminosäuren) weniger Sauerstoff als die der Kohlenhydrate enthalten und folglich zu ihrer Oxidation mehr O_2 aufgenommen werden muss.

Doch wozu braucht man diesen Quotienten überhaupt? Auch wenn er auf den ersten Blick wie eine nutzlose Formel erscheint, kann er in der Praxis durchaus sinnvoll verwendet werden. Anhand des respiratorischen Quotienten lässt sich nämlich die Stoffwechsellage eines Menschen annähernd bestimmen:
Ist der RQ hoch (ca. 1), so metabolisiert (verstoffwechselt) der Organismus vor allem Kohlenhydrate. Die Energielage des Organismus ist demnach gut. Sinkt der RQ ab, so ist das ein Hinweis auf eine gestiegene Fettsäure- und Proteinmetabolisierung. Dieser Mensch befindet sich in einem Energiemangelzustand, der seinen Körper dazu zwingt, auf seine Fett- und Proteinreserven zurückzugreifen (s. 1.3, S. 5).

1.1.5 Essenzielle Nahrungsfaktoren

Wie bereits erwähnt, dient die Aufnahme von Nahrung unter anderem der Aufnahme essenzieller Nahrungsfaktoren. Damit sind Stoffe gemeint, die für den Ablauf eines normalen Stoffwechsels notwendig sind, aber vom Organismus nicht selbst synthetisiert werden können.
Besonders wichtig für das schriftliche und das mündliche Examen sind die folgenden essenziellen Aminosäuren:
– Tryptophan (Trp),
– Lysin (Lys),
– Threonin (Thr),
– Methionin (Met),
– Phenylalanin (Phe)

Verzweigte Aminosäuren:
– Leucin (Leu),
– Isoleucin (Ile) und
– Valin (Val).

Die übrigen proteinogenen (zum Aufbau von Proteinen dienenden) Aminosäuren kann der menschliche Organismus über verschiedene Stoffwechselwege selbst synthetisieren.

> **Merke!**
>
> **Ph**enomenale **Iso**lde **try**bt **met**unter **Leut**nant **Val**entins **ly**bliche **Thr**äume
> Eselsbrücke für die essenziellen Aminosäuren:
> **Ph**enylalanin, **Iso**leuzin, **Try**ptophan, **Met**hionin, **Leu**zin, **Val**in, **Ly**sin und **Thr**eonin.

Auch bestimmte **Fettsäuren** sind für den Menschen essenziell. Der menschliche Organismus kann zwar neben den gesättigten Fettsäuren auch bestimmte ungesättigte Fettsäuren aus gesättigten Fettsäuren synthetisieren, die hierfür zuständigen Enzyme können allerdings nur zwischen der Carboxylgruppe und dem neunten C-Atom der Fettsäure Doppelbindungen einbauen und damit z. B. Ölsäure aus Stearinsäure herstellen. Fettsäuren mit weiter entfernten Doppelbindungen (z. B. 12. C-Atom, 15. C-Atom) sind für den Menschen aber essenziell. Hierzu zählen z. B. die mehrfach ungesättigten Fettsäuren Linolsäure (ω-6 Fettsäure mit zwei Doppelbindungen, C9 und C12) und Linolensäure (ω-3 Fettsäure mit drei Doppelbindungen, C9, C12, C15). Diese beiden essenziellen Fettsäuren solltest du dir besonders für das schriftliche Physikum unbedingt merken. Weitere essenzielle Nahrungsfaktoren sind **Vitamine, Elektrolyte und Spurenelemente** (z. B. Jod oder Selen).

> **Merke!**
>
> Vitamin D ist das einzige nicht essenzielle Vitamin, da es vom menschlichen Organismus aus Cholesterin synthetisiert werden kann.
> Zudem kann Vitamin K_2 von Bakterien im Darm des Menschen synthetisiert werden.

Die Aufnahme von Elektrolyten und Spurenelementen erfolgt vor allem durch enterale Resorption über verschiedene Mechanismen. Ca^{2+}-Ionen aus dem Darmlumen gelangen im

1 Ernährung, Verdauung, Resorption

Duodenum über apikale Ionenkanäle ins Zytosol der Enterozyten. Die Expression der Ionenkanäle wird durch Calcitriol gesteigert. Das aufgenommene Ca^{2+} bindet in der Zelle an Calbindin D und wird basal durch eine membranständige Ca^{2+}-ATPase oder einen Na^+/Ca^{2+}-Austauscher ins Blut abgegeben.

Die Resorption von Eisen findet im oberen Dünndarm statt. Bei Gesunden wird ca. 6 – 12 % des Nahrungseisens resorbiert. Aufgrund der guten Resobierbarkeit stammt der Großteil des aufgenommenen Eisens aus tierischen Nahrungsmitteln (Hämin, ein Abbauprodukt von Hämoglobin und Myoglobin). Es können sowohl zweiwertige Fe^{2+} als auch dreiwertige Fe^{3+} Eisen-Ionen resorbiert werden. Der überwiegende Anteil der Eisen(III)-Verbindungen wird durch die Salzsäure des Magens zu gut löslichem Fe^{2+} reduziert und somit resorbierbar. Hämin ist gut löslich und kann sogar unverändert von den Zellen aufgenommen werden. Dreiwertiges Nicht-Häm-Eisen muss hingegen zu Fe^{2+} reduziert werden, um resorbiert werden zu können. Die Aufnahme von Fe^{2+} in die Darmzellen erfolgt über das Transportprotein DMT1 (divalent metal transporter 1). In den Enterozyten wird das aufgenommene Eisen in Ferritin gespeichert („Depot-Eisen"). Alternativ wird es durch das Transportprotein Ferroportin an das Blut abgegeben. Das in der Leber gebildetes Hepcidin hemmt diesen Vorgang und somit die Eisenaufnahme über die Darmschleimhaut. Das aufgenommene Eisen wird vor Abgabe ans Blut wieder oxidiert und an (Apo) Transferrin gebunden im Blut transportiert.

Der Großteil der Flüssigkeit und essentiellen Nahrungsbestandteile wird im Dünndarm resorbiert. Dieses hängt u.a. mit dem Aufbau und den physikalischen Eigenschaften des Dünndarmepithels zusammen (z.B. niedriger transepithelialer elektrischer Widerstand und höhere Durchlässigkeit der Schlussleisten für Elektrolyte und Wasser im Vergleich zum Kolon).

1.2 Proteine/Eiweiße

Proteine (Eiweiße) spielen für einen reibungslosen Ablauf der Organfunktionen eine extrem wichtige Rolle. Daher ist eine ausreichende Versorgung des Organismus mit Eiweißen/Aminosäuren für den Organismus lebensnotwendig (zu den Auswirkungen eines Eiweißmangels s. 1.2.3, S. 5). Die große Bedeutung der Proteine spiegelt sich auch im schriftlichen Physikum wider. Wichtige Fakten, die du dir diesbezüglich merken solltest, betreffen die Eiweißbilanz und die biologische Wertigkeit von Proteinen. Hast du dir in diesen Bereichen das hier dargestellte Wissen angeeignet, bist du für die überwiegende Anzahl der Fragen bestens gerüstet.

1.2.1 Proteinzufuhr

Bezüglich der Proteinzufuhr solltest du dir für das schriftliche Physikum zwei Werte gut einprägen: Man unterscheidet bei der Proteinzufuhr zwischen dem Bilanzminimum und der von der WHO empfohlenen Proteinzufuhr.

– Unter dem **Bilanzminimum** versteht man den minimalen, täglichen Proteinbedarf, der für eine ausgeglichene Stickstoffbilanz erforderlich ist. Dieser beträgt ca. 0,5 g Protein/pro Kilogramm Körpergewicht/pro Tag.

– Da der tatsächliche Proteinbedarf eines Menschen normalerweise aufgrund verschiedener Faktoren (z. B. körperliche und geistige Belastung, Infektionen) erheblich über dem Wert des Bilanzminimums liegt, empfiehlt die **WHO** eine Zufuhr, die dem Doppelten des Bilanzminimums entspricht, nämlich 1 g Protein/pro Kilogramm Körpergewicht/pro Tag.

1.2.2 Biologische Wertigkeit

Die biologische Wertigkeit beschreibt die Übereinstimmung zwischen der Aminosäurenzusammensetzung eines Proteins mit der des menschlichen Körpers. Das heißt, je größer die Ähnlichkeit des Nahrungseiweißes mit den körpereigenen Proteinen ist, desto höher ist auch dessen biologische Wertigkeit.

Die biologische Wertigkeit hängt dabei vom Gehalt eines Proteins an **essenziellen Aminosäuren** und der **Gesamtrelation aller Aminosäuren** innerhalb des Proteins ab. Ein Protein, dem auch nur eine der essenziellen Aminosäuren fehlt, hat bereits die biologische Wertigkeit von null (z. B. Gelatine).

Die biologische Wertigkeit von Vollei dient als Referenzwert und wurde willkürlich auf eins gesetzt. Wird ein Protein vom Körper besser als Vollei aufgenommen und in körpereigenes Eiweiß umgesetzt, so steigt seine biologische Wertigkeit über eins. Die biologische Wertigkeit von Proteinen kann zudem erhöht werden, wenn diese zusammen mit anderen Nahrungsmitteln verzehrt werden (z. B. Vollei + Kartoffel → biologische Wertigkeit = 1,36).

> **Merke!**
>
> Da tierisches Protein unserem Körpereiweiß ähnlicher ist als pflanzliches, ist auch die biologische Wertigkeit tierischen Proteins höher als die pflanzlicher Proteine. Die biologische Wertigkeit eines Proteins lässt keine Aussage über dessen Brennwert zu.

1.2.3 Stickstoffbilanz

Die Stickstoffbilanz ist als die Differenz zwischen dem aufgenommenen Proteinstickstoff und dem im Harnstoff ausgeschiedenen Stickstoff definiert. Unter normalen Umständen ist diese Bilanz ausgeglichen, d. h. wir nehmen in etwa so viel Stickstoff auf, wie wir abgeben. Die Differenz zwischen Stickstoffaufnahme und -abgabe beträgt daher null.

Im Fall einer **positiven Stickstoffbilanz** ist die Stickstoffaufnahme größer als die Stickstoffabgabe. Situationen mit positiver Stickstoffbilanz sind mit dem Aufbau von Proteinen, wie z. B. Muskel- und Knochengewebe (z. B. bei Wachstum, Schwangerschaft, Sport) verbunden. Man spricht daher auch von einer **protein-anabolen** Stoffwechsellage.

Im Fall einer **negativen Stickstoffbilanz** ist die Stickstoffabgabe größer als die Stickstoffaufnahme. Eine negative Stickstoffbilanz tritt auf bei mangelnder Proteinzufuhr (z. B. im Hungerzustand), die zu einem Abbau von körpereigenen Proteinen führt. Dies bezeichnet man auch als eine **proteinkatabole** Stoffwechsellage. Die abgebauten Proteine (z. B. Muskelgewebe) werden dem Organismus an anderen, für die Aufrechterhaltung der Körperfunktionen wichtigeren Stellen zur Verfügung gestellt (s. 3.1, S. 48). Mithilfe des bekannten Stickstoffgehalts von Proteinen (0,16 g/g Protein) kann man bei ausgeglichener Stickstoffbilanz und Kenntnis der Formel von Harnstoff (enthält zwei Atome Stickstoff pro Molekül, Atomgewichte angegeben) die täglich aufgenommene Menge Protein über den ausgeschiedenen Harnstoff berechnen: ein Gramm ausgeschiedener Harnstoff entspricht dabei einer aufgenommenen Proteinmenge von ca. drei Gramm.

Schwerer Proteinmangel führt zum Krankheitsbild Kwashiorkor. Hierbei kann die Leber u. a. nicht genug Albumin produzieren. Da das Protein Albumin der wichtigste Faktor für die Aufrechterhaltung des kolloidosmotischen Drucks im Blut ist, kommt es bei Kwashiorkor-Patienten zu schweren Ödemen und Aszites. Des Weiteren fehlen der Leber Proteine zum Aufbau der Lipoproteine (s. 2.8, S. 44), sodass die zur Leber transportierten und in der Leber gebildeten Fette nicht mehr abtransportiert werden können. Bei fortbestehendem Eiweißmangel kommt es bei diesen Patienten neben anderen Störungen daher auch zur Ausbildung einer Fettleber mit den entsprechend schwerwiegenden Folgen einer Leberunterfunktion.

1.3 Hungerstoffwechsel

An dieser Stelle folgt ein Überblick über die Stoffwechselveränderungen, die im Organismus im Falle einer Nahrungskarenz auftreten (s. Abb. 1, S. 6). Die durch eine Nahrungskarenz hervorgerufene Stoffwechsellage wird auch als Hungerstoffwechsel bezeichnet.

Wie die einzelnen Stoffwechselschritte genau ablaufen, wird zwar erst im Rahmen des Kapitels Fettsäuren und Lipide (s. 2, S. 24) besprochen, dennoch solltest du dir die Grund-

1 Ernährung, Verdauung, Resorption

prinzipien des Hungerstoffwechsels bereits an dieser Stelle klar machen, da sie das Verständnis und somit das Lernen der einzelnen Stoffwechselschritte erheblich erleichtern. Nun aber genug geredet, jetzt wollen wir mal schauen, was passiert, wenn der Magen knurrt … Bei totaler Nahrungskarenz kommt es im Stoffwechsel des Organismus zu charakteristischen Veränderungen, die folgenden Zielen dienen:
- Versorgung peripherer Gewebe mit Energieträgern und
- Konstanthaltung des Blutzuckerspiegels (Glucosehomöostase) zur Versorgung der obligaten Glucoseverwerter (Erythrozyten, Zellen des Nebennierenmarks, Nervenzellen, wobei diese bei längerfristiger Nahrungskarenz einen Teil ihres Energiebedarfs durch Verwertung von Ketonkörpern decken können).

Zu Beginn einer Hungerphase werden diese beiden Ziele in ausreichendem Maß durch die Glykogenolyse der Leber erreicht. Die **Glykogenvorräte** der Leber reichen für **etwa 12 bis 48 Stunden**. Der respiratorische Quotient (s. 1.1.4, S. 2) beträgt zu diesem Zeitpunkt ca. eins (Kohlenhydratstoffwechsel).

Dauert die Nahrungskarenz weiter an, so muss der minimale Glucosebedarf mithilfe der **Gluconeogenese** gedeckt und die peripheren Gewebe (Skelettmuskel, Herzmuskel, innere Organe) mit energiereichen Substraten versorgt werden. Zu diesem Zweck stellt sich der Stoffwechsel um und metabolisiert vermehrt **Proteine und Fettsäuren**. Dies führt zu einem Abfall des respiratorischen Quotienten auf unter 0,8. Zunächst werden dabei die Proteine der Peripherie (v. a. Muskelprotein) abgebaut (proteinkatabole Stoffwechsellage), deren glucoplastische Aminosäuren der Leber als Substrate für die Gluconeogenese dienen. Parallel dazu steigt die **Lipolyse** im Fettgewebe, um einen exzessiven Abbau der wertvollen Körperproteine zu verhindern. Die Fettsäuren werden mithilfe von Albumin zur Leber transportiert und dort im Rahmen der β-Oxidation zu Acetyl-CoA abgebaut (wie diese genau abläuft, wird im Rahmen des Fettstoffwechsels besprochen, s. 2.3, S. 29).

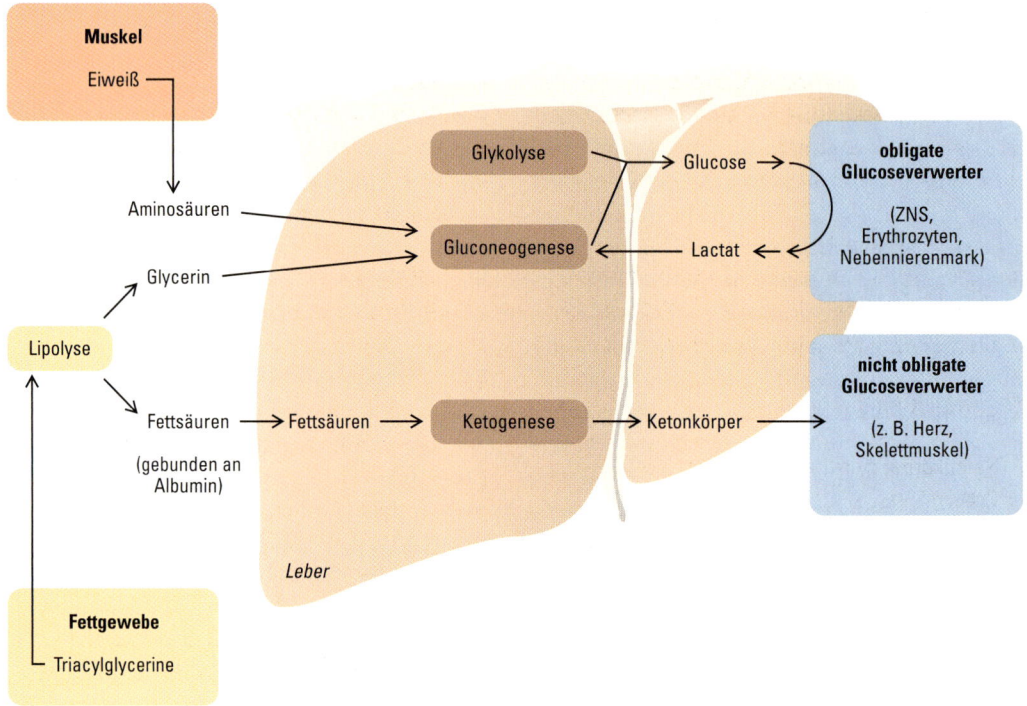

Abb. 1: Hungerstoffwechsel

medi-learn.de/6-bc7-1

Diese Acetyl-CoA-Einheiten verwendet die Leber sowohl als Energielieferanten für ihre energieaufwendige Gluconeogenese (über Einschleusung in den Citratzyklus und die Atmungskette) als auch zur Herstellung von Ketonkörpern (über die Ketogenese, s. 2.4.1, S. 34), die den peripheren Geweben (Skelettmuskel, Herzmuskel, innere Organe) lebenswichtige Energie liefern. Unter diesen Bedingungen einer **längerfristigen Nahrungskarenz** (hohe Ketonkörper-Konzentration im Blut) kann auch das **ZNS** anstelle von Glucose **Ketonkörper** zur Energiegewinnung verwenden und so zusätzlich Glucose einsparen. Die genaue Regulation der Ketogenese (Herstellung von Ketonkörpern) wird ebenfalls im Rahmen des Fettstoffwechsels (s. 2.4.2, S. 35) besprochen.

> **Übrigens ...**
> - Der erhöhte Spiegel von Acetyl-CoA in der Leber kurbelt seinerseits wieder die Gluconeogenese an.
> - Im Hungerzustand werden Fettsäuren auch vermehrt von der Skelett- und Herzmuskulatur selbst oxidiert (verstoffwechselt, abgebaut).
> - Da Ketonkörper harngängig sind, nimmt ihre Konzentration im Urin bei einer Nahrungskarenz zu.

Im Hungerstoffwechsel unterscheidet man zwei Phasen der Nahrungskarenz:
1. Frühphase = Proteinumsatz↑, Ketogenese↓
2. Spätphase = Proteinumsatz↓, Ketogenese↑

> **Merke!**
>
> Ketonkörper sind die Transportform von Acetyl-CoA im Blut.

1.4 Parenterale Ernährung

Die parenterale Ernährung spielt in der Klinik eine sehr wichtige Rolle. Die Patienten, die Nahrung nicht auf dem konventionellen Weg (per os) aufnehmen können oder sollen, sind auf eine parenterale Ernährungsform angewiesen. Bei der Anwendung einer parenteralen Ernährung sind jedoch einige wichtige Prinzipien zu berücksichtigen, die auch im Schriftlichen gerne geprüft werden.

Unter parenteraler Ernährung versteht man eine flüssige Ernährungsform, die den **Gastrointestinaltrakt** durch einen intravenösen Zugang umgeht. Die Basis dieser Flüssigkeit bilden Wasser und Elektrolyte (Natrium, Kalium, Calcium, Magnesium, Chlorid und Phosphat). Die wichtigsten Nährstoffe sind **Kohlenhydrate**, da sie zum **Wassertransport** benötigt werden und außerdem **schnell verfügbare Energie** liefern. Kohlenhydrate werden dabei als **Monosaccharide** (v. a. Glucose) infundiert. Andere Zucker wie Fructose oder Zuckerersatzstoffe wie Sorbitol und Xylitol sollten nur bei speziellen Indikationen (z. B. bei einer Glucose-Verwertungsstörung) gegeben werden.

Mögliche weitere Bestandteile der Nährlösungen sind:
- essenzielle Aminosäuren (Zusatz erst bei länger andauernder parenteraler Ernährung nötig) und
- Fette (falls der Energiebedarf nicht mehr allein durch Kohlenhydrate gedeckt werden kann). Fette bieten den Vorteil, dass eine hohe Energiemenge bei geringer Volumenbelastung applizierbar ist.

> **Übrigens ...**
> - **Proteine** sind KEIN Bestandteil der parenteralen Ernährung, da sie die Bildung von Antikörpern induzieren können und somit die Gefahr eines anaphylaktischen Schocks bergen.
> - Bei einer parenteralen Ernährung muss IMMER die spezielle Bedarfssituation des Patienten berücksichtigt und die Nährstofflösung diesbezüglich modifiziert werden (z. B. erhöhter Aminosäurebedarf nach einer OP oder bei Mangelzuständen).

DAS BRINGT PUNKTE

Aus dem Abschnitt **Grundlagen** solltest du dir Folgendes unbedingt merken:

- Die acht essenziellen Aminosäuren sind Tryptophan, Lysin, Threonin, Methionin, Phenylalanin, Leuzin, Isoleuzin und Valin.
- Der physiologische und der physikalische Brennwert sind für Kohlenhydrate und Fette identisch. Für Eiweiße ist der physikalische Brennwert jedoch höher als der physiologische.
- Du solltest unbedingt die Zahlen für den physiologischen Brennwert von Eiweiss, Fett und Kohlenhydraten kennen. Es kommen häufig Rechenaufgaben, die durch die Kenntnis dieser Zahlen leicht zu lösen sind.

FÜRS MÜNDLICHE

Fragen zur Ernährung geben dir in der mündlichen Prüfung oft Gelegenheit zu einer etwas ausführlicheren Darstellung des Sachverhalts. Statt lange Texte auswendig beherrschen zu wollen, gilt es das freie Sprechen möglichst mit anderen oder zumindest vor dem Spiegel zu trainieren.

1. Was versteht man unter der biologischen Wertigkeit und wovon hängt diese ab?
2. Erläutern Sie bitte die Grundprinzipien der parenteralen Ernährung.
3. Erläutern Sie bitte grob die Veränderungen während des Hungerstoffwechsels.
4. Wie wird der respiratorische Quotient berechnet und wozu kann man diesen verwenden?

1. Was versteht man unter der biologischen Wertigkeit und wovon hängt diese ab?
Die biologische Wertigkeit beschreibt die Übereinstimmung zwischen der Aminosäurenzusammensetzung eines Proteins mit der des menschlichen Körpers. Sie hängt vom Gehalt eines Proteins an essenziellen Aminosäuren und der Gesamtrelation aller Aminosäuren des Proteins ab.

2. Erläutern Sie bitte die Grundprinzipien der parenteralen Ernährung.
Unter parenteraler Ernährung versteht man eine Ernährungsform unter Umgehung des Gastrointestinaltrakts. Die Hauptbestandteile sind Wasser, Elektrolyte und Kohlenhydrate. Weitere mögliche Bestandteile sind essenzielle Aminosäuren und Fette. Proteine dürfen nicht gegeben werden, da sie einen anaphylaktischen Schock auslösen können.

3. Erläutern Sie bitte grob die Veränderungen während des Hungerstoffwechsels.
In der Frühphase erfolgt die Energieversorgung durch Glykogenolyse der Leber. Bei anhaltender Nahrungskarenz (die Vorräte der Leber reichen 24 Stunden) kommt es zur Steigerung der Gluconeogenese, zur Aufrechterhaltung des Blutzuckerspiegels und somit zu der Versorgung der obligaten Glucoseverwerter. Als Substrate dienen körpereigene Proteine, Lactat und das Glycerin der Fette. Zwecks Einsparung von Glucose und Proteinen wird ein Großteil der Fettsäuren in

FÜRS MÜNDLICHE

der Leber zu Ketonsäuren verstoffwechselt und dient in dieser Form den peripheren Geweben als schnell verfügbare Energiequelle.

4. Wie wird der respiratorische Quotient berechnet und wozu kann man diesen verwenden?
Der respiratorische Quotient errechnet sich aus der Menge an abgegebenem CO_2 zu aufgenommenem O_2. Anhand des respiratorischen Quotienten kann man eine Aussage bezüglich der Stoffwechsellage des Organismus machen. Liegt sein Wert etwa bei eins, so verstoffwechselt der Organismus vorwiegend Kohlenhydrate. Sinkt sein Wert ab, so spricht das für eine vermehrte Verstoffwechselung von Eiweißen und Fetten, also für den Hungerzustand.

Mehr Cartoons unter www.medi-learn.de/cartoons

Pause

Erste Pause! Hier was zum Grinsen für Zwischendurch ...

1 Ernährung, Verdauung, Resorption

1.5 Verdauungssekrete

In diesem Abschnitt werden die einzelnen Verdauungssekrete vorgestellt. Für das schriftliche Examen ist es besonders wichtig, zu wissen, welches Verdauungssekret welche Bestandteile enthält. Bisher tauchten dazu in jedem Examen Fragen auf, bei denen die richtige Zuordnung verschiedener Substanzen zum entsprechenden Organ bzw. Verdauungssekret gefragt war.

Ein fundiertes Wissen aus diesem Abschnitt erleichtert dir zudem das Verständnis für die folgenden Themen (die Verdauung der einzelnen Nährstoffe) und ist für die Klinik von erheblicher Bedeutung. Es lohnt sich also, auch die Verdauungssekrete mit Sorgfalt zu studieren.

1.5.1 Mundspeichel

Die Speicheldrüsen (Glandula parotis, Glandula submandibularis und Glandula sublingualis) bilden pro Tag etwa eineinhalb Liter Mundspeichel. Der Mundspeichel enthält als besonders wichtige Bestandteile **Mucin** und **Ptyalin**:
– Mucin besteht aus Proteoglykanen zur Erhöhung der Gleitfähigkeit des Nahrungsbreis,
– Ptyalin ist eine α-Amylase (ein Verdauungsenzym), die Stärke und Glykogen bis zum **Disaccharid** Maltose abbauen kann. Die **Kohlenhydrate** sind damit die einzige Nährstoffklasse, deren Verdauung bereits in nennenswertem Umfang im **Mund** beginnt.

> **Übrigens ...**
> Der Mundspeichel hat einen pH-Wert von 5 – 7. Passenderweise kann in diesem Milieu auch das Ptyalin am besten arbeiten (pH-Optimum 6,7). Die pharmakologische Hemmung der H^+/K^+-ATPase wird zur Therapie der Gastritis und von Magenulzera eingesetzt (sog. Protonenpumpenhemmer).

Die Speichelbildung erfolgt in zwei Schritten: 1. Primärspeichel: In den Azinuszellen wird Cl^- basolateral über einen sek. aktiven Transport aufgenommen, um dann über apikale Cl^--Kanäle abgegeben zu werden. Na^+ gelangen parazellulär ins Lumen. 2. Sekundärspeichel: Na^+ und Cl^- werden resorbiert und K^+ und HCO_3^- sezerniert.

1.5.2 Magensaft

Der Magensaft ist das Produkt aller in der Magenmukosa befindlicher Zellen (v. a. Beleg-, Haupt- und Nebenzellen). Pro Tag werden ca. 2,5 – 3 l Magensaft produziert.
Die Belegzellen (Parietalzellen) produzieren **HCl** (Salzsäure) und den **Intrinsic-Factor**, ein Glykoprotein, das für die Resorption von Vitamin B_{12} im terminalen Ileum benötigt wird. Belegzellen besitzen Rezeptoren für Histamin, Gastrin und Acetylcholin (muskarinerg). Die Stimulation dieser Rezeptoren fördert die Salzsäuresekretion. Die Belegzellen nehmen hierzu CO_2 aus dem Blut auf und bilden mittels des Enzyms Carboanhydrase und Wassers Kohlensäure, die in der Zelle in Protonen und Bikarbonat zerfällt. Die Protonen werden apikal unter ATP-Verbrauch (primär-aktiver Transport) im Austausch gegen Kaliumionen ins Magenlumen gepumpt (H^+/K^+-ATPase).
Basolateral werden primär-aktiv K^+-Ionen in die Zelle (typischerweise im Austausch gegen Na^+-Ionen) aufgenommen. Dieser Vorgang ist wichtig für die Zellhomöostase.
Die Salzsäure bewirkt den **stark sauren pH-Wert** von 1–2 des Magens. Zu ihren Funktionen zählen die
– Hydrolyse verschiedener Zucker,
– Denaturierung der Proteine und
– Aktivierung von Pepsinogen (inaktive Enzymvorstufe) zu Pepsin (aktives Verdauungsenzym).

Pepsinogen ist das Sekretionsprodukt der **Hauptzellen** und das **Proenzym** (s. 1.6, S. 14) des proteinspaltenden Verdauungsenzyms Pepsin. Als **Endopeptidase** spaltet Pepsin Proteine innerhalb ihrer Aminosäurekette.
In den **Nebenzellen** werden **Glykoproteine** produziert. Diese bilden einen Schleimfilm auf der Magenmukosa und schützen diese dadurch

vor dem stark sauren und daher aggressiven Magensaft.

> **Merke!**
>
> Die Belegschaft ist sauer, weil die Hauptmannschaft Pepsi trinkt und die Nebenmannschaft rumschleimt.

Die Enzymausstattung des Magensafts zeigt, dass im Magen vorwiegend Proteine verdaut werden, während die Verdauung der Kohlenhydrate pausiert und die der Lipide noch immer nicht richtig begonnen hat.

Regulation

Die Magensaftsekretion wird durch verschiedene Faktoren reguliert. Die wichtigsten Effektoren zur **Steigerung der Magensaftsekretion** sind
– Histamin,
– Gastrin (aus den G-Zellen des Antrums) und
– Acetylcholin (Parasympathikus).

Eine **Hemmung der Magensaftsekretion** erfolgt durch die meisten gastrointestinalen Polypeptide wie z. B.
– Sekretin,
– Somatostatin,
– Cholezystokinin und
– Gastrointestinales Peptid (GIP).

Die **Sekretion des Gastrins** (Stimulator der Magensaftsekretion) wird ihrerseits nochmals spezifisch reguliert. Eine **Sekretionssteigerung des Gastrins** erfolgt v. a. durch
– Acetylcholin,
– Alkohol,
– Koffein,
– eine mäßige Dehnung der Magenwand und
– die Peptide des Nahrungsbreis.

Eine **Senkung der Gastrinsekretion** wird durch
– Sekretin,
– eine Überdehnung der Magenwand und
– einen sauren pH-Wert des Mageninhalts (negatives Feedback) bewirkt.

Sekretin wird im Duodenum und Jejunum gebildet und hat die Funktion, den sauren Speisebrei, der ins Duodenum gelangt, zu neutralisieren. Es stimuliert die Bikarbonatabgabe und Flüssigkeitsabgabe in die Gallengänge und im Pankreas.

> **Übrigens ...**
>
> Die Regulation der Magensaftsekretion spielt klinisch eine wichtige Rolle, da sie durch eine Reihe von Medikamenten beeinflusst werden kann (Therapie von Magen- und Duodenalulcera). Diese Medikamente blockieren die Histamin- oder Acetylcholinrezeptoren der Belegzellen oder deren Protonenpumpen.

1.5.3 Bauchspeichel

Als Bauchspeichel bezeichnet man das Sekret des **exokrinen** Pankreas. Pro Tag werden davon ungefähr zwei Liter gebildet und über die Papilla Vateri in das Duodenum abgegeben. Die wichtigsten Bestandteile des Pankreassekrets sind
– **Bikarbonat** (HCO_3^-) zur Neutralisation der HCl aus dem Magen und um das pH-Optimum für die Pankreasenzyme zu schaffen ein pH-Wert von 7 – 8)

sowie folgende Verdauungsenzyme:
– **Trypsin** und **Chymotrypsin** (Endopeptidasen), spalten Proteine innerhalb ihrer Aminosäureketten,
– **Carboxypeptidasen**, spalten C-terminale Aminosäuren ab, sind damit Exopeptidasen
– **Elastase** zur Spaltung von Elastin und Kollagen
– (Phospho-)**Lipase** zur Spaltung von Triacylglycerinen und Phospholipiden
– **Cholesterinesterase** zur Spaltung von Cholesterinestern zu Cholesterin und Fettsäuren
– **Ribonuklease** zur Spaltung von DNA und RNA in einzelne Nucleotide
– **Pankreas-α-Amylase** zur Spaltung von Stärke und Glykogen zu Oligosacchariden, Maltotriose, Maltose und Isomaltose

Wie aus der Enzymzusammensetzung ersichtlich, wird im Duodenum die Verdauung **aller**

1 Ernährung, Verdauung, Resorption

drei Stoffklassen durch das Pankreassekret stark vorangetrieben. Hier **beginnt** endlich die **Verdauung der Lipide** und der Abbau der Kohlenhydrate und Proteine wird fortgesetzt.

> **Merke!**
>
> Im Schriftlichen Examen wird besonders gerne die Zuordnung der Pankreasbestandteile zu ihrem Entstehungsorgan gefragt.

Übrigens …
Bei einer Schädigung des Pankreas, z. B. durch eine Entzündung (Pankreatitis), kommt es zum Übertritt pankreatischer Enzyme wie Pankreas-Amylase und -Lipase ins Blut. Deren Nachweis ist somit eine wichtige diagnostische Hilfe. Bei einer chronischen Entzündung der Bauchspeicheldrüse kann eine Pankreasinsuffizienz entstehen. Der als Folge auftretende Mangel an Pankreaslipase führt bei diesen Patienten zu einer Störung der Fettverdauung und einem erhöhten Fettgehalt des Stuhls.

Regulation

Ähnlich wie die Sekretion des Magens (s. 1.5.2, S. 10) unterliegt auch die des Pankreas einer hormonellen und nervösen Steuerung. **Die Förderung der Pankreassekretion** erfolgt durch
– N. vagus (Parasympathikusaktivität),
– Sekretin (Sekretion eines bikarbonatreichen, enzymarmen Sekrets),
– Cholezystokinin (Sekretion eines enzymreichen, bikarbonatarmen Sekrets) und
– die Substanz P und durch
– Abnahme des pH-Werts im Duodenum.

Einen **hemmenden Einfluss auf die Sekretion** des Pankreas haben
– Nn. splanchnici (Sympathikusaktivität),
– Glukagon,
– Somatostatin und
– das Pankreatische Polypeptid (PP).

> **Merke!**
>
> Die Abgabe von Bicarbonat (HCO_3^-) erfolgt im Austausch mit Cl^-. Die Konzentration von Na^+ und K^+ im Pankreassekret bleibt konstant. Unabhängig von der Sekretionsrate ist das Pankreassekret isoton zum Blutplasma. Die Zusammensetzung des Pankreassekrets ist abhängig von der Sekretionsrate. Bei Steigerung der Sekretion kommt es zu einem exponentiellen Anstieg des Bikarbonats und einem Abfall des Chlorids, während die Konzentration an Kalium und Natrium konstant bleibt.

1.5.4 Galle

Die Leber sezerniert pro Tag etwa einen halben Liter Gallenflüssigkeit. Diese Lebergalle ist ein **enzymfreies** Sekret und beinhaltet
– zu **90 % Wasser** (die Blasengalle ist jedoch eingedickt und somit konzentrierter),
– Gallensäuren (Cholesterinderivate),
– Gallenfarbstoffe (Abbauprodukte des Hämoglobins),
– Cholesterin (s. 2.1.1, S. 24) und
– Phospholipide (z. B. Lecithin s. 2.1.2, S. 26).

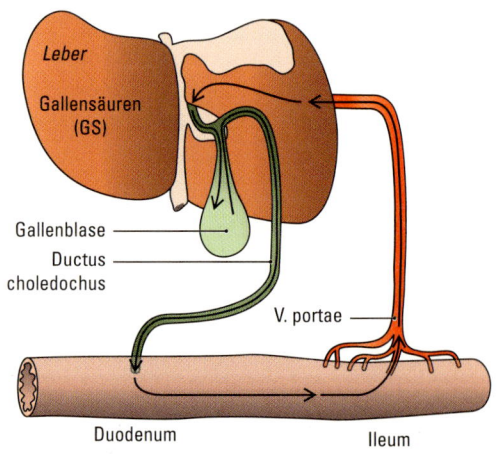

Abb. 2: Enterohepatischer Kreislauf der Gallensäuren

medi-learn.de/6-bc7-2

1.5.4 Galle

> **Merke!**
> Die Gallenflüssigkeit enthält KEINE Enzyme.

Die Blasengalle ist konzentrierter als die Lebergalle und enthält somit höhere Konzentrationen an Calcium, Gallensäuren und Lipiden (Cholesterin, Lecithin). Aus den Bestandteilen der Gallenflüssigkeit, lassen sich ihre drei wichtigsten Funktionen direkt ableiten:

- **Fettverdauung**: Die Gallensäuren sind eine essenzieller Faktor der Fettverdauung. Aufgrund ihrer Bedeutsamkeit – gerade für das schriftliche Examen – werden die Säuren gleich noch einmal detailliert vorgestellt.
- **Cholesterinausscheidung**: Der Organismus ist zwar in der Lage, Cholesterin selbst zu synthetisieren, für den Abbau des Cholesterinmoleküls fehlen ihm jedoch die Enzyme. Daher ist Cholesterin vom Menschen auch nicht zur Energiegewinnung verwendbar. Die Ausscheidung überflüssigen Cholesterins erfolgt über die Galle – entweder frei oder in Form von Gallensäuren.
- **Bilirubinausscheidung**: Hämoglobin kann im Organismus ebenfalls nicht vollständig abgebaut werden. Der Abbau erfolgt bis zur Stufe des Bilirubins, das – gebunden an zwei Moleküle Glucuronsäure – als direktes Bilirubin über die Galle ins Duodenum abgegeben wird.

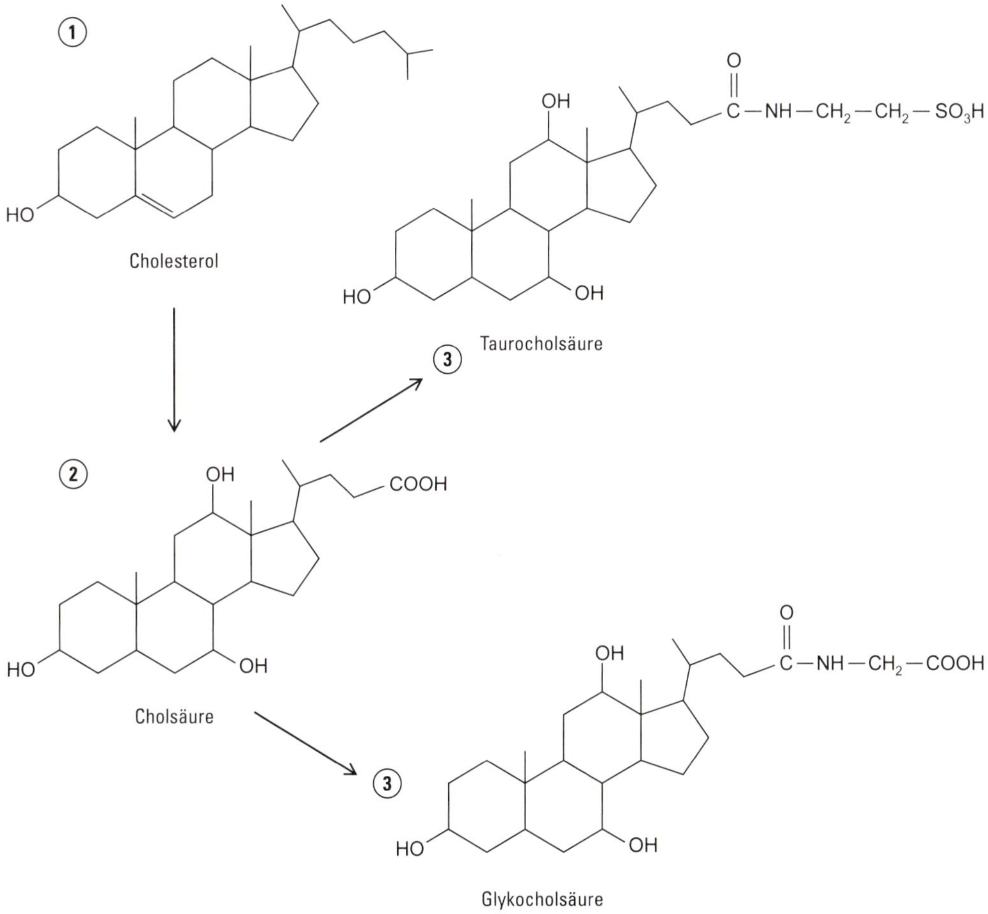

Abb. 3: Gallensäuren

Gallensäuren

Anhand ihrer Struktur erkennt man, dass die Gallensäuren Derivate des Cholesterins sind. Die Synthese der Gallensäuren aus Cholesterin findet in den Hepatozyten z. T. im glatten endoplasmatischen Retikulum statt (u. a. Hydroxylierungen). Folgende Modifikationen sind dabei besonders prüfungsrelevant (s. Abb. 3, S. 13):
- verkürzte Seitenkette mit zusätzlicher Säure-Gruppe,
- keine Doppelbindungen und
- zusätzliche OH-Gruppen.

Die Gallensäuren – auch Cholsäuren genannt – werden in den Hepatozyten über ihre COOH-Gruppe mit der Aminosäure Taurin oder Glycin unter ATP-Verbrauch konjugiert (Amidbindung) und als **konjugierte Gallensäuren** (Taurocholsäure, Glykocholsäure s. Abb. 3, S. 13) **aktiv** in die Lebercanaliculi sezerniert. Über das Gallengangsystem erfolgt die Abgabe der Gallensäuren als Bestandteile gemischter Mizellen ins Duodenum. Da ihre eigene Synthese und vor allem auch die Synthese ihres Muttermoleküls Cholesterin sehr energieaufwendig ist, wird ein Großteil der Gallensäuren (etwa 90 %) im **terminalen Ileum aktiv rückresorbiert** und der Leber über die Pfortader wieder zugeführt. Dies ist der sog. **enterohepatische Kreislauf**. Zudem können Gallensäuren im Darm durch Bakterien zu Desoxycholsäure umgewandelt werden. Folgende Funktionen der Gallensäuren solltest du kennen:
- Sie aktivieren die Pankreaslipase und damit die Fettverdauung.
- Sie sind amphiphile Substanzen (sich sowohl in Wasser als auch in Fett lösen) und dienen damit als Lösungsvermittler (Mizellenbildung) bei der Fettverdauung (s. 1.9, S. 17).
- Sie fungieren in der Gallenflüssigkeit als Lösungsvermittler für Cholesterin und verhindern zusammen mit Phospholipiden das Ausfallen von Cholesterin in der Gallenblase.
- Aufgrund eines negativen Feedback-Mechanismus hemmen sie die Herstellung von Cholesterin.
- Eine erhöhte Konzentration von Säuren in der Pfortader senkt die Gallensäurebildung in der Leber.
- Im Darm entstehen aus den primären Gallensäuren durch bakteriellen Abbau sekundäre Gallensäuren (z. B. Desoxycholsäure). Diese werden im terminalen Ileum resorbiert und in der Leber wieder zu primären Gallensäuren umgewandelt.

Übrigens ...
Gallensteine entstehen vor allem durch ein Missverhältnis zwischen Cholesterin und seinen Lösungsvermittlern (v. a. Gallensäuren und Phospholipiden). Ist der Cholesteringehalt der Gallenflüssigkeit im Vergleich zu ihrem Gallensäuregehalt zu hoch, so kann Cholesterin ausfallen und zur Bildung von Gallensteinen führen. Die Mehrzahl der Gallensteine sind daher Cholesterinsteine.

1.6 Proenzyme

Als Proenzyme bezeichnet man die **inaktive Vorstufe** der proteinverdauenden Enzyme, die erst nach ihrer Sekretion aktiviert werden. Durch diese inaktiven Vorstufen wird das sezernierende Organ vor Autodigestion (Selbstverdauung) geschützt. Die Aktivierung der Proenzyme erfolgt durch proteolytische Abspaltung eines Peptidanteils. Diesen Vorgang bezeichnet man als **limitierte Proteolyse**. Die einzelnen Proenzyme werden dabei von unterschiedlichen Faktoren aktiviert.

Pepsinogen: Autokatalyse durch sauren Magen-pH-Wert → Pepsin
- Trypsinogen: Aktivierung durch **Enteropeptidase** (Abspaltung eines N-terminalen Peptids) aus Enterozyten der Duodenalschleimhaut → Trypsin
- Chymotrypsinogen: Aktivierung durch Trypsin → Chymotrypsin
- Procarboxypeptidasen A + B: Aktivierung durch Trypsin → Carboxypeptidasen A + B

1.7 Verdauung der Kohlenhydrate

> **Merke!**
>
> Nur die Enzyme der Proteinverdauung werden als inaktive Proenzyme sezerniert.

1.7 Verdauung der Kohlenhydrate

Die Kohlenhydrate sollten bei einer ausgewogenen Ernährung den größten Anteil der Nahrung bilden (etwa 60 %). In diesem Kapitel geht es darum, wie der Körper die mit der Nahrung aufgenommenen Kohlenhydrate abbaut, über den Darm aufnimmt und an das Blut abgibt. Sowohl für das schriftliche als auch für das mündliche Physikum solltest du dir genau klar machen, in welchem Abschnitt des Gastrointestinaltrakts welche Stufe der Kohlenhydratverdauung stattfindet. Hierzu ist es besonders hilfreich, sich immer wieder die Herkunft der Enzyme und deren Lokalisation während ihrer Wirkung vor Augen zu führen. Anders ausgedrückt: Du solltest sorgfältig zwischen den Enzymen unterscheiden, die in den Gastrointestinaltrakt abgegeben werden, und denen, die Bestandteil der Darmmukosa sind.

1.7.1 Abbau der Kohlenhydrate

Der enzymatische Abbau der Kohlenhydrate beginnt bereits im Mund, pausiert im Magen und wird im Dünndarm durch die Aktivität der Pankreas- und Bürstensaumenzyme fortgeführt. Da die Darmmukosa nur Monosaccharide aufnehmen kann, werden alle aufgenommenen Poly-, Oligo- und Disaccharide enzymatisch bis zur Stufe ihrer Monosaccharide abgebaut (v. a. Glucose, Galaktose und Fructose). Tab. 2, S. 15 fasst die einzelnen Schritte der Kohlenhydratverdauung zusammen.

1.7.2 Aufnahme der Monosaccharide in die Enterozyten

Glucose und Galaktose werden über einen **sekundär-aktiven Natrium-Symport** resorbiert (s. Abb. 4, S. 16), Fructose hingegen wird über erleichterte Diffusion in die Enterozyten des Darms aufgenommen.

> **Übrigens …**
> Glucose wird auch über die apikale Zellmembran renal-tubulärer Epithelzellen im Symport mit Na^+ transportiert.

Bildungsort des Enzyms	Wirkungsort des Enzyms	Substrat	Enzym (Enzymtyp)	Produkt
Speicheldrüsen	Mundraum	Stärke und Glykogen	Ptyalin = α-Amylase (α-Glucosidase)	Maltose und Isomaltose
Pankreas	Duodenum	Stärke und Glykogen	α-Amylase (α-Glucosidase)	Maltose und Isomaltose
Darmmukosa	Dünndarm (v. a. Duodenum und Jejunum)	Maltose	Maltase (α-Glucosidase)	zweimal Glucose
		Isomaltose	Isomaltase (α-Glucosidase)	zweimal Glucose
		Saccharose (α-1,2 verknüpft)	Saccharase (α-Glucosidase)	Glucose und Fructose
		Lactose (β-1,4 verknüpft)	Lactase (β-Glucosidase)	Glucose und Galaktose

Tab. 2: Verdauung der Kohlenhydrate

1 Ernährung, Verdauung, Resorption

1.7.3 Abgabe der Monosaccharide ans Blut

Innerhalb der Darmzellen können Fructose und Galaktose in Glucose umgewandelt werden. Der anschließende Transport der Glucose aus den Enterozyten ins Blut erfolgt durch erleichterte Diffusion, also ohne Koppelung an Natrium-Ionen.

1.7.4 Regulation der intestinalen Glucoseresorption

Kohlenhydratreiche Mahlzeiten lösen über die Glucose und über eine Sekretionsförderung des gastroinhibitorischen Peptids (GIP) eine Steigerung der **Insulinsekretion** aus. Das ausgeschüttete Insulin fördert die Utilisation (die Verwertung) der resorbierten Glucose (z. B. durch Förderung der Glucoseaufnahme in Fett- und Muskelzellen, Steigerung der Glykolyse usw.), hat jedoch KEINEN Einfluss auf die Glucoseresorption im Darm.

Die Freisetzung von Insulin und Glukagon wird insbesondere durch die Art der Nährstoffe und ihre Konzentration im Blut beeinflusst: Eine erhöhte Konzentration von Kohlenhydraten (v. a. Glucose) stimuliert vorwiegend die Freisetzung von Insulin, während eine erhöhte Konzentration von Aminosäuren (v. a. Arginin) die Freisetzung sowohl von Glukagon als auch von Insulin stimuliert.

> **Merke!**
>
> Die Glucoseresorption im Darm erfolgt Insulin-unabhängig an der luminalen Membran der Enterozyten über den sekundär-aktiven Natrium-Symport.

Manche Menschen leiden unter einem Lactase-Mangel (einem Mangel an einer der Disaccharidasen des Bürstensaums), was zur Folge hat, dass die aufgenommene Lactose nicht weiter abgebaut wird (Lactoseintoleranz). Da aber die Darmmukosa keine Disaccharide aufnehmen kann, verbleibt die Lactose im Darmlumen. Dies hat zwei wesentliche Konsequenzen:
– Da Lactose osmotisch aktiv ist, kommt es zu einem Wassereinstrom in den Darm.
– Lactose wird von den Darmbakterien unter Bildung von Gasen zersetzt. Menschen mit Lactoseintoleranz leiden daher nach dem Verzehr von Milchprodukten unter Meteorismus und Diarrhöen.

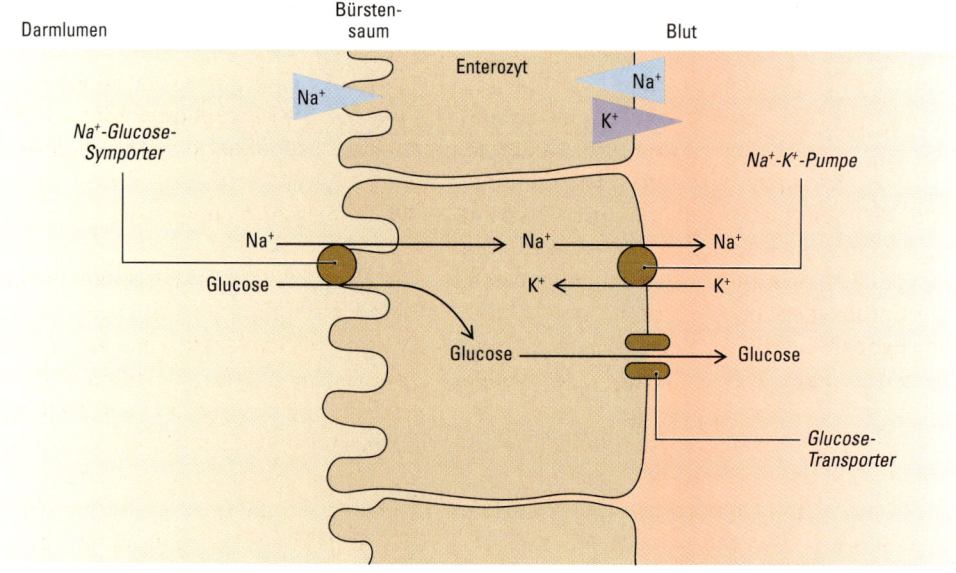

Abb. 4: Glucoseresorption im Darm

medi-learn.de/6-bc7-4

1.8 Verdauung der Proteine

Der Anteil der Proteine an der Nahrung sollte etwa 15 % betragen. Dieser Abschnitt widmet sich dem Abbau der Proteine und der Aufnahme ihrer Abbauprodukte in die Enterozyten. Für das schriftliche Examen solltest du dir besonders gut einprägen, in welchem Abschnitt des Gastrointestinaltrakts welcher Schritt der Proteinverdauung abläuft. Zum anderen sind die Enzyme der Proteinverdauung immer wieder gern gefragte Fakten. Du solltest z. B. unbedingt wissen, welche Enzyme Exopeptidasen und welche Endopeptidasen sind. Auch solltest du das Prinzip der Proenzyme und ihre Vertreter kennen.

1.8.1 Abbau der Proteine

Der Abbau der Proteine beginnt mit ihrer **Denaturierung** durch die **Salzsäure** des Magens. Durch diesen Prozess wird die Aminosäurekette der Proteine für die verschiedenen proteolytischen Enzyme des Gastrointestinaltrakts besser angreifbar. Die Proteolyse (eigentliche Aufspaltung in ihre einzelnen Aminosäuren) der Proteine beginnt ebenfalls im Magen durch die Wirkung von **Pepsin**. Diese Endopeptidase spaltet die Proteine innerhalb ihrer Aminosäurekette. Die hierdurch entstehenden Polypeptide gelangen ins Duodenum, wo sie den proteolytischen Enzymen des Pankreas ausgesetzt sind: **Trypsin** (aktiviert durch eine Enteropeptidase aus den Brunner-Drüsen des Duodenums) und **Chymotrypsin** (aktiviert durch Trypsin) sind ebenfalls Endopeptidasen – sie spalten Polypeptide innerhalb ihrer Aminosäurekette. Die Carboxypeptidasen A und B sind hingegen Exopeptidasen, die einzelne Aminosäuren sukzessiv vom Carboxylende der Polypeptide abspalten. Durch die Einwirkung der Pankreasenzyme entstehen aus Proteinen Oligopeptide und freie Aminosäuren.

Der letzte Schritt der Proteinverdauung (die Spaltung der verbliebenen, kleinen Oligopeptide) erfolgt durch die **Aminopeptidasen** der Dünndarmmukosa. Diese Exopeptidasen spalten Aminosäuren vom N-terminalen Ende der Oligopeptide ab und besitzen als Enzyme der Darmmukosa KEIN Proenzym – ein wichtiger Unterschied zu den Carboxypeptidasen des Pankreas.

- Exopeptidasen (Carboxypeptidasen A + B, Aminopeptidase): Angriff an den Enden der Aminosäurekette (Carboxypeptidasen = C-terminales Ende, Aminopeptidase = N-terminales Ende)
- Endopeptidasen (übrige proteinspaltende Enzyme): Angriff innerhalb der Aminosäurekette
- Carboxypeptidasen sind Zinkproteine
- Trypsin ist eine Serinprotease, die v. a. Peptidbindungen spaltet, an denen Lysin oder Arginin beteiligt sind (basische Aminosäuren).

1.8.2 Resorption der Proteine

Die einzelnen Aminosäuren werden aus dem Darm durch einen sekundär-aktiven **Natrium-Symport** resorbiert (vgl. 1.7, S. 15). Dabei gibt es für die verschiedenen Aminosäuren spezifische Transportsysteme. Welches Transportsystem welche Aminosäure aufnimmt, brauchst du dir für das schriftliche Examen nicht zu merken.

Auch kleinere Oligopeptide (Peptide mit weniger als zehn Aminosäuren) können resorbiert werden. Ihre Resorption erfolgt jedoch mithilfe eines sekundär-aktiven **Protonen-Symports**.

1.9 Verdauung der Fette

Die Fette kommen fast unbeschadet durch Mund und Magen. Ihr Abbau beginnt maßgeblich erst mit der Pankreaslipase im Duodenum. Eine wichtige Voraussetzung für die Verdauung der Nahrungsfette ist dabei ihre **Emulgierung** im wässrigen Nahrungsbrei durch die Wirkung der Gallensäuren. Ohne die amphiphilen (sowohl fett- als auch wasserlöslichen) **Gallensäuren** aus der Leber käme es nämlich zur Bildung eines zweiphasigen Nahrungsbreis mit einer lipophilen und einer hydrophilen Phase. Da das

1 Ernährung, Verdauung, Resorption

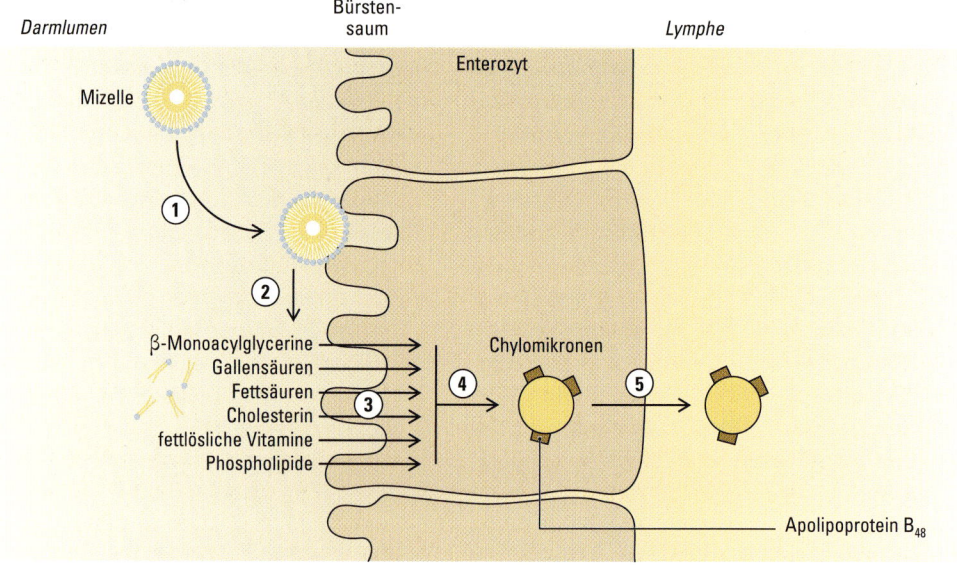

1. Mizellen kommen durch die Darmperistaltik in Kontakt mit dem Bürstensaum der Enterozyten
2. Zerfall der Mizellen bei Kontakt mit dem Bürstensaum der Enterozyten
3. Resorption der einzelnen Bestandteile durch Enterozyten
4. Synthese der Chylomikronen aus den resorbierten Nahrungsbestandteilen
5. Abgabe der Chylomikronen an die Lymphe

Abb. 5: Aufnahme der Mizellen in Enterozyten und Bildung von Chylomikronen   *medi-learn.de/6-bc7-5*

Hauptenzym der Lipidverdauung – die Lipase des Pankreas – selbst eine hydrophile Struktur hat, würde sie unter diesen Umständen nicht in ausreichendem Maß an ihre lipophilen Substrate gelangen. Erst durch die Gallensäuren als **Detergentien** (Lösungsvermittler) und der damit verbundenen Bildung eines **emulgierten Nahrungsbreis** kann die hydrophile Pankreaslipase die Fetttropfen angreifen (s. Abb. 6, S. 19). Als Aktivatoren benötigt sie dazu noch eine **Colipase** und wiederum die Gallensäuren.

Diese Aktivierung der Pankreaslipase findet an den **Lipidgrenzflächen** statt.

Durch die Wirkung der Pankreaslipase werden die Triacylglycerine zu **β-Monoacylglycerinen** und zwei Fettsäuren abgebaut.
Diese Produkte bilden zusammen mit den Gallensäuren **Mizellen**. Dabei handelt es sich um spezielle, kugelförmige Anordnungen amphiphiler Moleküle, bei denen die hydrophilen Teile nach außen und die hydrophoben Teile nach innen zeigen. Innerhalb der Mizellen können noch andere Lipide, wie z. B. Cholesterin und lipophile Vitamine, transportiert werden.

Die Mizellen treten nun v. a. im Dünndarm in Kontakt mit den Enterozyten, den Zellen der Darmmukosa. Beim Kontakt mit dem Bürstensaum der Enterozyten zerfallen die Mizellen, sodass ihre Bestandteile einzeln aufgenommen werden. Anschließend werden im **endoplasmatischen Retikulum** der Enterozyten aus den Fettsäuren und Monoacylglycerinen der Mizellen wieder Triacylglycerine gebildet (**Resynthese**). Zum Verlassen der Darmzellen werden die resynthetisierten Lipide in Form von **Chylomikronen** verpackt und über den Lymphweg dem Blutkreislauf zugeführt (s. Abb. 5, S. 18).

1.9 Verdauung der Fette

> **Merke!**
>
> Gallensäuren haben für die Fettverdauung zwei herausragende Funktionen:
> - die Emulgierung der Nahrungsfette im wässrigen Nahrungsbrei und die
> - Ausbildung von Mizellen als Voraussetzung für die Resorption der Lipide im Dünndarm.

Ein Mangel an Gallensäuren im Darmlumen (z. B. durch Verschluss des Gallengangs) kann zu schwerwiegenden Störungen der Fettverdauung und -resorption führen. Während Triacylglycerine nach ihrer Spaltung zu β-Monoacylglycerinen und Fettsäuren auch ohne Gallensäuren resorbiert werden können (allerdings wesentlich langsamer), ist die Resorption von Cholesterin und fettlöslichen Vitaminen nahezu vollständig aufgehoben. Die Folge sind Fettstühle (Steatorrhöe) und ein Verlust fettlöslicher Vitamine.

Bei der Verdauung zellhaltiger Nahrung werden integrale Membranproteine durch die Detergenswirkung der Gallensäuren von den umgebenden Lipiden gelöst.

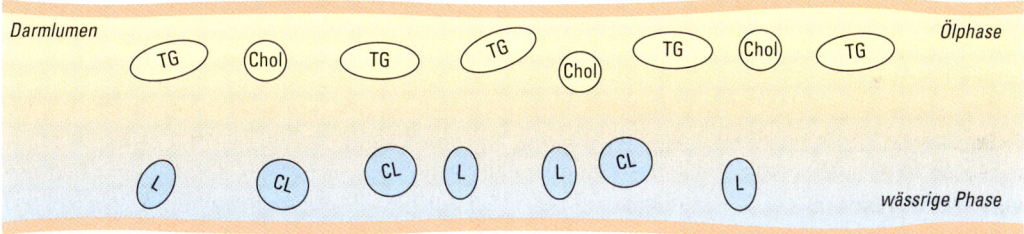

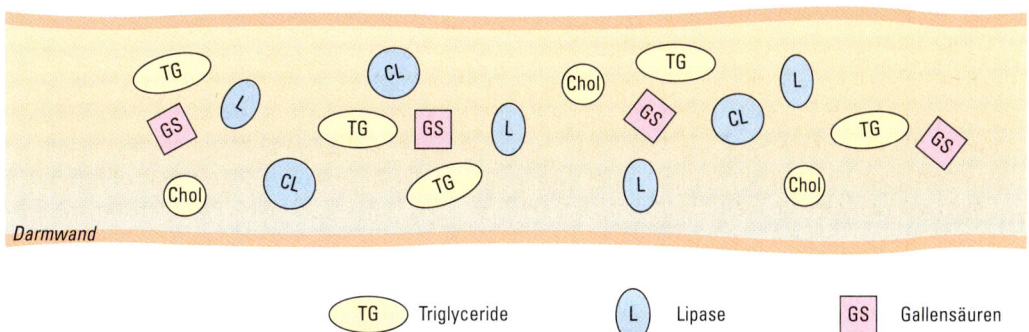

Abb. 6: Emulgierung der Nahrungsfette durch die Gallensäuren   *medi-learn.de/6-bc7-6*

DAS BRINGT PUNKTE

Das Thema **Ernährung und Verdauung** hat den Vorteil, dass der Lernaufwand relativ gering ist, aber bisher in jedem Physikum Fragen hierzu zu finden waren. Besonders wichtig, sind folgende Fakten:
- Gallensäuren werden aus Cholesterin synthetisiert und in Form konjugierter Gallensäuren ausgeschieden.
- Nur die Enzyme der Proteinverdauung werden als Proenzyme (inaktive Vorstufen) sezerniert.
- Triacylglycerine werden nach ihrer Spaltung zu β-Monoacylglycerinen und Fettsäuren von den Enterozyten resorbiert, in diesen zu Triacylglycerinen resynthetisiert und schließlich als Chylomikronen über die Lymphbahn ans Blut abgegeben.
- Mit Ausnahme der Carboxy- und Aminopeptidasen sind alle Enzyme der Proteinverdauung Endopeptidasen.
- Die Funktion der Gallensäuren im Rahmen des Fettstoffwechsels umfasst die Emulgierung der Nahrungsfette im wässrigen Nahrungsbrei sowie die Ausbildung von Mizellen.
- Die Glucoseresorption im Darm erfolgt insulinunabhängig durch einen sekundär-aktiven Natrium-Symport, die Abgabe der Glucose ans Blut erfolgt hingegen durch erleichterte Diffusion.
- Die Galle ist ein enzymfreies Verdauungssekret.
- Es ist besonders wichtig, die Bestandteile der Verdauungssekrete sowie deren Regulation zu kennen!

FÜRS MÜNDLICHE

Ein gründlicher Blick auf die Verdauung von Eiweißen, Fetten und Kohlenhydraten lohnt sich unbedingt. Denn an den Verdauungssekreten kommt kaum ein Prüfer vorbei, ohne dir wenigstens eine Frage zu diesem Thema zu stellen. Die könnte beispielsweise so lauten:

1. **Schildern Sie bitte die wichtigsten Schritte der Fettverdauung.**
2. **Erläutern Sie bitte die Regulation der Magensaftsekretion.**
3. **Erläutern Sie bitte das Prinzip der Proenzyme.**
4. **Nennen Sie bitte die wichtigsten Zelltypen der Magenmukosa und ihre entsprechenden Sekretionsprodukte.**
5. **In welcher Form werden Gallensäuren ausgeschieden?**
6. **Welche Funktionen hat das Pankreassekret?**
7. **Erläutern Sie bitte den Begriff enterohepatischer Kreislauf. Nennen Sie ein Beispiel.**

1. Schildern Sie bitte die wichtigsten Schritte der Fettverdauung.
Die Fettverdauung beginnt im Duodenum. Zunächst emulgieren Gallensäuren die Fette. Durch die Pankreaslipase erfolgt der Abbau der Triacylglycerine zu β-Monoacylglycerinen und zwei freien Fettsäuren. Diese bilden zusammen mit Gallensäuren Mizellen, deren

FÜRS MÜNDLICHE

Bestandteile von den Enterozyten aufgenommen werden: Fettsäuren und Monoacylglycerine im Duodenum, Gallensäuren erst im Ileum.

2. Erläutern Sie bitte die Regulation der Magensaftsekretion.
Die Magensaftsekretion wird durch Acetylcholin, Histamin und Gastrin stimuliert. Die meisten gastrointestinalen Polypeptide wirken dagegen hemmend auf die Magensaftsekretion (s. 1.5.2, S. 10).
Die Gastrinsekretion wird ihrerseits spezifisch reguliert. Stimulierend auf die Gastrinsekretion wirken Acetylcholin, Koffein, Alkohol, mäßige Dehnung und Peptide des Nahrungsbreis. Hemmend auf die Gastrinsekretion wirken der Sympathikus, eine Überdehnung sowie ein saurer pH-Wert des Magensafts.

3. Erläutern Sie bitte das Prinzip der Proenzyme.
Proenzyme sind die inaktive Vorstufe der proteinverdauenden Enzyme. Durch diese inaktiven Vorstufen wird das sezernierende Organ vor einer Selbstverdauung geschützt. Die Aktivierung der Proenzyme erfolgt durch proteolytische Abspaltung eines Peptidanteils. Diesen Vorgang bezeichnet man als limitierte Proteolyse.

4. Nennen Sie bitte die wichtigsten Zelltypen der Magenmukosa und ihre entsprechenden Sekretionsprodukte.
Belegzellen (Parietalzellen): Salzsäure und Intrinsic-Factor
Hauptzellen: Pepsinogen
Nebenzellen: Glykoproteine (Schleim)

5. In welcher Form werden Gallensäuren ausgeschieden?
Nach ihrer Synthese werden die Gallensäuren unter ATP-Verbrauch über ihre COOH-Gruppe mit der Aminosäure Taurin oder Glycin konjugiert und als konjugierte Gallensäuren (Taurocholsäure, Glykocholsäure) aktiv in die Lebercanaliculi sezerniert. Über die Galle werden die konjugierten Gallensäuren dann an den Darm abgegeben.

6. Welche Funktionen hat das Pankreassekret?
Das Pankreassekret enthält Bikarbonat, um einen adäquaten pH-Wert für seine Enzyme zu schaffen, d. h. die Salzsäure des Magens zu neutralisieren. Außerdem enthält es Enzyme für die Verdauung aller drei Nährstoffklassen (s. 1.5.3, S. 11).

7. Erläutern Sie bitte den Begriff enterohepatischer Kreislauf. Nennen Sie ein Beispiel.
Substanzen, die einem enterohepatischen Kreislauf unterliegen, werden aus der Leber über die Gallenflüssigkeit in den Darm abgegeben. Im Ileum erfolgt ihre Rückresorption. Anschließend werden sie über die Pfortader zur Leber transportiert, sodass sich der Kreislauf schließt. Die entsprechende Substanz kann nun erneut über die Galle an den Darm abgegeben werden. Ein Beispiel sind die Gallensäuren: Sie werden über die Galle ins Duodenum abgegeben, im terminalen Ileum rückresorbiert und gelangen per Pfortader wieder in die Leber.

Mehr Cartoons unter www.medi-learn.de/cartoons

Pause

Päuschen! Das hast du dir verdient!
Und dann weiter im Text ...

Ein besonderer Berufsstand braucht besondere Finanzberatung.

Als einzige heilberufespezifische Finanz- und Wirtschaftsberatung in Deutschland bieten wir Ihnen seit Jahrzehnten Lösungen und Services auf höchstem Niveau. Immer ausgerichtet an Ihrem ganz besonderen Bedarf – damit Sie den Rücken frei haben für Ihre anspruchsvolle Arbeit.

- Services und Produktlösungen vom Studium bis zur Niederlassung
- Berufliche und private Finanzplanung
- Beratung zu und Vermittlung von Altersvorsorge, Versicherungen, Finanzierungen, Kapitalanlagen
- Niederlassungsplanung & Praxisvermittlung
- Betriebswirtschaftliche Beratung

Lassen Sie sich beraten!

Nähere Informationen und unseren Repräsentanten vor Ort finden Sie im Internet unter
www.aerzte-finanz.de

Standesgemäße Finanz- und Wirtschaftsberatung

2 Fettsäuren und Lipide

Fragen in den letzten 10 Examen: 46

Ziel dieses Kapitels ist es, den großen Komplex der Fettsäuren und Lipide möglichst übersichtlich darzustellen. Zunächst geht es dabei um die Einteilung der Lipide – ein Thema, das leider in den meisten Lehrbüchern recht chaotisch ist. Dabei solltest du gerade die Lipideinteilung verstanden haben, da dies das Lernen der folgenden Themen wie z. B. Fettsäuresynthese, β-Oxidation und Lipoproteinstoffwechsel sehr erleichtert.

Danach steigen wir in den Stoffwechsel der Lipide ein. Dieser zugegebenermaßen etwas mühselige Abschnitt wird leider häufig im Schriftlichen gefragt und sollte daher mit großer Aufmerksamkeit gelesen werden. Hast du diesen Abschnitt aber gut drauf, bist du für den weitaus größten Anteil der Fragen bestens gewappnet.

Am Schluss dieses Kapitels werden die Lipoproteine vorgestellt. Dieses Thema hat den Vorteil, dass der Lernaufwand relativ gering, der Anteil der Fragen dafür umso größer ist. Es lohnt sich also, sich gut mit den Lipoproteinen auszukennen.

Doch nun Schluss mit dem allgemeinen Geplänkel und rein ins fettige Vergnügen!

2.1 Chemie der Fettsäuren und Lipide

Lipide können in zwei große Gruppen eingeteilt werden, nämlich in
– verseifbare und
– nicht-verseifbare Lipide.

Diese Einteilung orientiert sich daran, ob eine **Esterbindung** vorhanden ist oder nicht. An dieser Stelle folgt ein ganz kleiner Exkurs in die Chemie: Bei den Estern handelt es sich um die Produkte der Reaktion eines **Alkohols** mit einer **Säure**. Reagiert der gebildete Ester anschließend mit einer starken Base (z. B. NaOH), entsteht der ursprüngliche Alkohol sowie das Salz der ursprünglichen Säure. Da ursprünglich Seifen hergestellt wurden, wird diese Reaktion auch Verseifung genannt. Lipide mit einer Esterbindung werden passenderweise als verseifbare Lipide bezeichnet.

2.1.1 Nicht verseifbare Lipide

Einfache Lipide enthalten keine Esterbindung. Sie werden daher auch als nicht verseifbare Lipide bezeichnet.

$$R_1-COOH \;+\; R_2-OH \;\longrightarrow\; R_1-\overset{\overset{O}{\|}}{C}-O-R_2$$

Säure — Alkohol — Ester

$$R_1-\overset{\overset{O}{\|}}{C}-O-R_2 \;+\; NaOH \;\longrightarrow\; R_2-OH \;+\; R_1-COO^-\,Na^+$$

Ester — starke Base (Natronlauge) — Alkohol — Seife (Salz der Säure)

Abb. 7: Verseifung

2.1.1 Nicht verseifbare Lipide

gesättigte Fettsäure

$$H_3C — (CH_2)_{14} — \overset{\beta}{CH_2} — \overset{\alpha}{CH_2} — COOH$$

Stearinsäure (C_{18})

ungesättigte Fettsäure (cis)

$$H_3C — (CH_2)_4 — \overset{13}{HC} = \overset{12}{CH} — \overset{11}{CH_2} — \overset{10}{HC} = \overset{9}{CH} — (CH_2)_7 — \overset{1}{COOH}$$

Linolsäure (C_{18})

Abb. 8: Fettsäuren

Fettsäuren

Die einfachsten nicht verseifbaren Lipide sind die Fettsäuren. Sie bestehen aus einer Kohlenwasserstoffkette sowie einer Carboxyl-(COOH-)gruppe. Enthält die Kohlenstoffkette Doppelbindungen, so spricht man – je nach Anzahl der Doppelbindungen – von einfach oder mehrfach ungesättigten Fettsäuren. Die **Doppelbindungen** liegen dabei in der Regel in der **cis-Konfiguration** vor.

Fettsäuren ohne Doppelbindungen werden als gesättigte Fettsäuren bezeichnet. Vergleicht man die physikalischen Eigenschaften von gesättigten und ungesättigten Fettsäuren, so haben ungesättigte Fettsäuren einen niedrigeren Schmelzpunkt (sind eher flüssig und finden sich z. B. in Ölen, s. 2.1.2, S. 26). Durch Reaktion mit Wasserstoff (Hydrierung) können aus ungesättigten Fettsäuren gesättigte Fettsäuren entstehen (z. B. Umwandlung von Ölsäure in Stearinsäure).

In unserem Körper fungieren Fettsäuren als wichtige **Energielieferanten** und sind essenzielle Bausteine von **Signalmolekülen** sowie **biologischen Membranen**.

Es gibt zwei Zählweisen für die C-Atome der Fettsäuren:
- Bei der arabischen Zählweise trägt das C-Atom mit der Carboxylgruppe die Zahl 1 und die folgenden C-Atome werden einfach durchnummeriert (2, 3, 4 usw.)
- Bei der griechischen Zählweise trägt das C-Atom mit der Carboxylgruppe die Zahl 0 und die folgenden C-Atome werden mit griechischen Buchstaben bezeichnet (α, β, γ usw.).
- Das letzte C-Atom trägt die Bezeichnung „Omega" (letzter Buchstabe des griechischen Alphabets). Der Name ungesättigter Fettsäuren hängt von der Position der ersten Doppelbindung vom Omegaende ab. Eine Fettsäure mit der ersten Doppelbindung am dritten C-Atom vom Omega ist eine Omega-3 Fettsäure (z. B. Linolensäure).

Isoprenderivate

Isoprenderivate sind neben den Fettsäuren die wichtigsten nicht verseifbaren Lipide. Sie haben als Grundbaustein alle das Isopren (2-Methyl-1,3-Butadien).

$$H_2C = \underset{\underset{CH_3}{|}}{C} — HC = CH_2$$

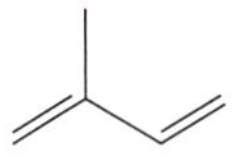

Abb. 9: Isopren

Isoprenderivate werden in zwei wichtige Gruppen unterteilt:
- **Terpene** = Einkettige, nicht zyklisierte Isoprenpolymere, die häufig in der Natur vorkommen. Bekannte Vertreter dieser Gruppe sind die fettlöslichen Vitamine A, E und K, das Menthol, die Pheromone und der Kautschuk des Pflanzenreichs.

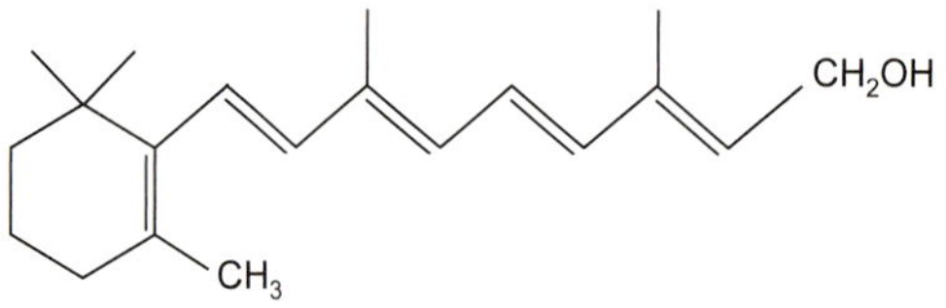

Abb. 10: Vitamin A *medi-learn.de/6-bc7-10*

- **Steroide** = Stoffe mit Sterangerüst. Dieses Molekülgerüst **mit 17 C-Atomen** ist aus zyklisierten Isopreneinheiten aufgebaut. Zu den wichtigen Steroiden zählen das Cholesterin, Vitamin D, Gallensäuren, Sexualhormone, Glucocorticoide und Mineralcorticoide.

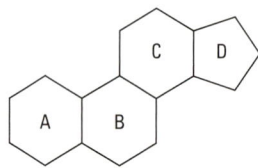

Abb. 11: Sterangerüst *medi-learn.de/6-bc7-11*

> **Übrigens …**
> Auch Ubichinon-10 (Coenzym Q10), welches von der Kosmetikindustrie als Anti-Aging Substanz vermarktet wird, ist strukturell dem Vitamin E und Vitamin K verwandt und enthält eine Seitenkette aus Isopreneinheiten.

2.1.2 Verseifbare Lipide

Komplexe Lipide entstehen durch Veresterung eines Alkohols mit einer oder mehreren Säuren. Sie haben somit Esterbindungen und sind verseifbar.

Acylglycerine

Alle Acylglycerine haben als Alkohol das dreiwertige **Glycerin**. Je nach Anzahl der Fettsäuren, die mit den OH-Gruppen des Glycerins verestert sind, unterscheidet man zwischen Mono-, Di- und Triacylglycerinen.

Was man normalerweise als Fett bezeichnet, sind Triacylglycerine, wobei innerhalb eines Fettmoleküls unterschiedliche Fettsäuren vorkommen können. Fette mit einem hohen Anteil an ungesättigten Fettsäuren werden als **Öle** bezeichnet. Durch ihren hohen Anteil an ungesättigten Fettsäuren haben sie einen niedrigen Schmelzpunkt und sind daher bei Raumtemperatur flüssig.

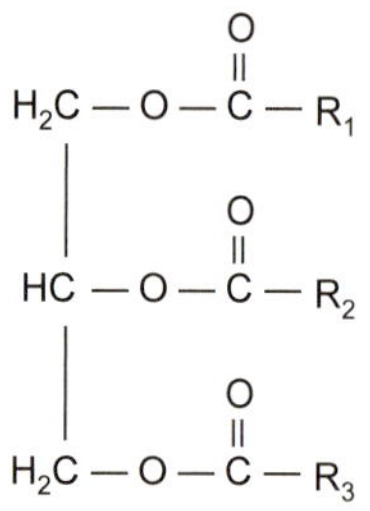

R_1, R_2, R_3 = Kohlenwasserstoffkette meist C_{16} oder C_{18}

Abb. 12: Triacylglycerin *medi-learn.de/6-bc7-12*

Phosphoglycerine

Phosphoglycerine haben ebenfalls **Glycerin** als Alkohol und somit einen ähnlichen Aufbau wie die Acylglycerine. Einziger Unterschied: Bei den Phosphoglycerinen ist die dritte OH-Gruppe des Glycerins mit Phosphorsäure verestert (und nicht mit einer Fettsäure). Dieses **einfachste Phospholipid** wird als **Phosphatidsäure** bezeichnet.

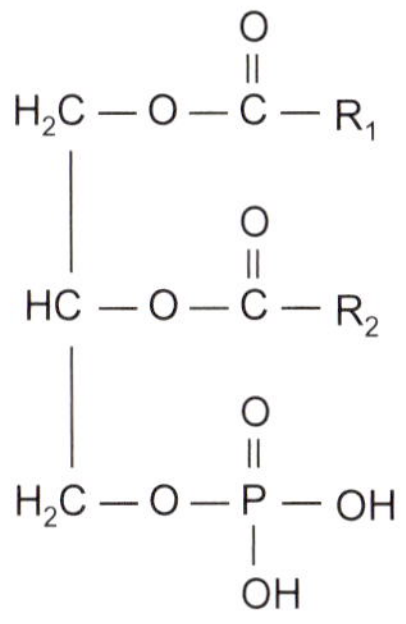

2.1.2 Verseifbare Lipide

Abb. 13: Phosphatidsäure *medi-learn.de/6-bc7-13*

R$_1$, R$_2$ = Kohlenwasserstoffkette

Bei den anderen Formen der Phosphoglycerine ist die Phosphorsäure zusätzlich mit einem weiteren Alkohol verestert. Die Phosphorsäure bildet dann zwei Esterbindungen aus: eine mit dem Glycerin und die andere mit einem zweiten Alkohol. Die meisten Phosphoglycerine sind solche **Phosphorsäurediester**.

Hier sind die wichtigsten Vertreter dieser Lipidklasse:

- **Lecithin** = Diester mit dem Alkohol Cholin. Lecithin ist ein wichtiger Membranbaustein, kann also Lipid-Doppelschichten bilden.

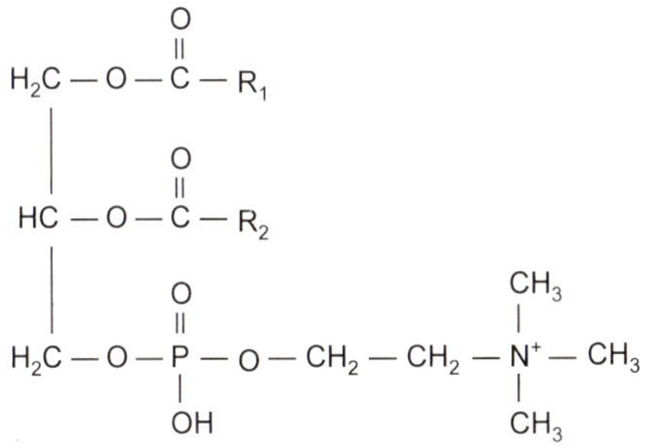

Abb. 14: Lecithin *medi-learn.de/6-bc7-14*

R$_1$, R$_2$ = Kohlenwasserstoffkette

- **Kephaline** = Diester mit den Alkoholen Ethanolamin oder Serin. Kephaline sind ebenfalls wichtige Membranbausteine. Bei physiologischem pH hat Phosphatidylserin eine negative Gesamtladung (zwei negative und eine positive Ladung).
- **Inositphosphatid** = Diester mit dem Alkohol Inositol. Inositphosphatide sind z. B. wichtige Second messenger (IP$_3$).
- **Cardiolipin** = wichtiger Baustein von **Mitochondrienmembranen** mit komplexem Aufbau. Cardiolipin trägt am ersten und dritten C-Atom des Glycerins je eine Phosphorsäure. Beide Phosphorsäuremoleküle sind jeweils mit einem weiteren Glycerinmolekül verestert – demnach ist Cardiolipin ein Diphosphatidylglycerin.
- **Phosphatidylserin**: Bei der Apoptose wird Phosphatidylserin als Signalstruktur vom inneren in das äußere Blatt der Plasmamembran verlagert und hat eine Rolle als Signal für die Phagozytose apoptotischer Zellpartikel. Der hydrophile Teil des Phosphatidylserins hat im Allgemeinen zwei negative und eine positive Ladung und somit eine negative Gesamtladung. Durch Vitamin-B6-abhängige Decarboxylierung kann aus Phosphatidylserin Phosphatidylethanolamin synthetisiert werden.

> **Merke!**
>
> Aufgrund ihrer Molekülstruktur haben **Phospholipide einen amphiphilen Charakter**. Auf dieser Eigenschaft beruhen viele ihrer Funktionen, z. B. ihre Rolle als Lösungsvermittler in der Gallenflüssigkeit und in Lipoproteinen.

Sphingolipide

Alle Sphingolipide haben als Alkohol das **Sphingosin**. Als Aminodialkohol verfügt Sphingosin über zwei OH-Gruppen (am ersten und dritten C-Atom) und eine Aminogruppe (am zweiten C-Atom). Sowohl die OH-Gruppen als auch die Aminogruppe können mit verschiedenen Molekülen verknüpft sein (s. Abb. 15, S. 28). Die wichtigsten Vertreter der Sphingolipide sind:

- **Ceramid** = Sphingosin, das über die Aminogruppe mit einer Fettsäure verestert ist.
- **Sphingomyelin** = Ceramid, das über eine der OH-Gruppen mit Phosphorylcholin verestert ist.
- **Glykolipide**:
  - Cerebroside = Ceramid, das über eine der OH-Gruppen mit einem Monosaccharid verknüpft ist (z. B. Glucose, Galaktose und N-Acetyl-Neuraminsäure).
  - Sulfatide = Ceramid, das über eine der OH-Gruppen mit einem sulfatierten Monosaccharid verknüpft ist. Sulfatide werden intralysosomal abgebaut.
  - Ganglioside = Ceramid, das über eine der OH-Gruppen mit einem Oligosaccharid verknüpft ist.

Abb. 15: Sphingosin   *medi-learn.de/6-bc7-15*

2.2 Funktionen der Lipide

Obwohl die meisten von uns Lipide fast ausschließlich mit negativen Eigenschaften verbinden (ungesund, unästhetisch, doof zu lernen …), haben sie im Organismus vielfältige und vor allem sehr wichtige Funktionen, von denen die maßgeblichen in diesem Abschnitt vorgestellt werden.

Energiespeicher

Zur Speicherung von Energie dienen vor allem unpolare Triacylglycerine (Depotfett). Der große Vorteil, Energie in Form von Lipiden zu speichern, liegt vor allem in der Möglichkeit, viel Energie mit einem relativ kleinen Volumen und (aufgrund geringer Wassereinlagerung) niedrigem Gewicht vorrätig zu halten.

Strukturelemente

Als Strukturelemente benutzt der Organismus vor allem Fette, deren Fettsäuren gesättigt sind und die eine **hohe Kettenlänge** aufweisen (Baufett). Diese Fette haben eine feste Struktur und werden erst spät (bei schwerwiegendem, lang andauerndem Energiemangel/Hunger) zur Energiegewinnung abgebaut. Baufett findet man bei Erwachsenen an der Fußsohle, in der Orbita und im Nierenlager.

> **Übrigens …**
> Bei Patienten mit Magersucht (Anorexia nervosa) kann es in schweren Fällen zum Abbau des Baufetts im Nierenlager kommen. Hierdurch besteht die Gefahr, dass die Niere nach unten gleitet und dadurch der Ureter abgeknickt wird. Die Folge: Harnstau.

Bausteine des Nervengewebes

Ein wichtiger Baustein des Nervengewebes ist das Sphingolipid **Sphingomyelin**, das v. a. in den Myelinscheiden der Nerven zu finden ist.

Bausteine biologischer Membranen

Biologische Membranen enthalten verschiedene Lipide. Besonders wichtig für die Ausbildung der Lipid-Doppelschicht – also der Grundstruktur der Membranen – sind die **Phospholipide**. Zusätzlich enthalten biologische Membranen einen variablen Anteil an Cholesterin und Sphingolipiden. Die **Membranfluidität** wird durch die Zahl der **Doppelbindungen** der am Membranaufbau beteiligten Fettsäuren (Doppelbindungen↑ → Membranfluidität↑) und durch den Gehalt der Membran an Cholesterin (Cholesterin↑ → Membranfluidität↓) bestimmt.

2.3 Abbau der Triacylglycerine und Fettsäuren

Bausteine von Signalmolekülen und Vitaminen

Die wichtigsten, von den Lipiden abgeleiteten Signalmoleküle sind die **Eicosanoide** (z. B. Prostaglandine, Leukotriene) und die **Steroide** (Sexualhormone, Glucocorticoide, Mineralcorticoide, Vitamin D). Des Weiteren sind Lipide Bausteine der fettlöslichen Vitamine E, D, K und A – deswegen sind diese Vitamine fettlöslich. Näheres zur Synthese und zu den Eigenschaften dieser Substanzen erfährst du in den Skripten zu Hormonen und Vitaminen.

2.3 Abbau der Triacylglycerine und Fettsäuren

Dieses Kapitel ist für das schriftliche Physikum extrem wichtig, da bisher in jedem Examen Fragen hierzu vorkamen. Besonders prüfungsrelevant sind die hormonelle Regulation der Li-

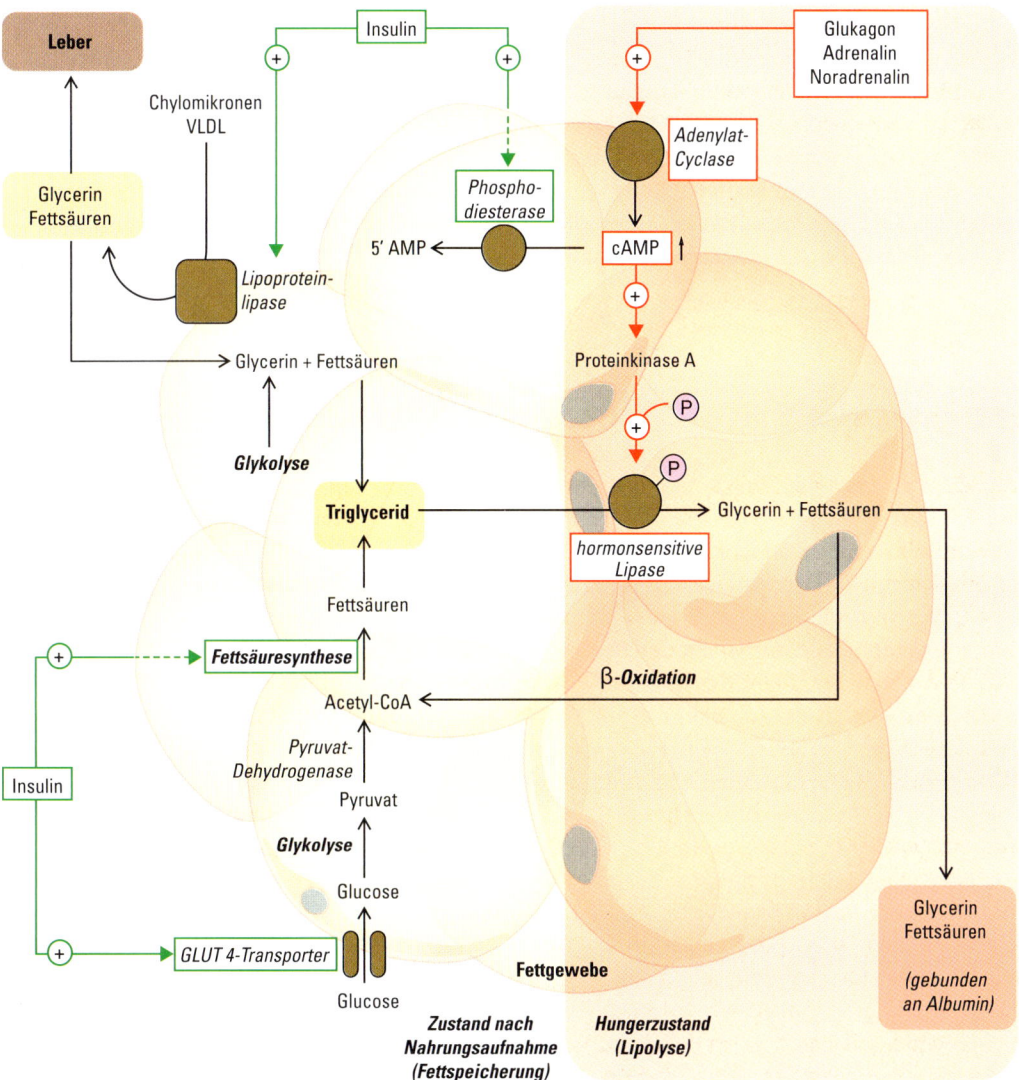

Abb. 16: Lipolyse und Fettspeicherung

medi-learn.de/6-bc7-16

2 Fettsäuren und Lipide

polyse und ihres wichtigsten Enzyms, der hormonsensitiven Lipase.

Darüber hinaus ist der Abschnitt des eigentlichen Fettsäureabbaus hervorzuheben. Bei diesem zugegebenermaßen sehr umfangreichen Thema ist es ratsam, wenn du dir zum einen einen guten Überblick über die einzelnen Schritte und somit ein Verständnis für den Ablauf verschaffst, zum anderen musst du dir jedoch auch das eine oder andere Detail merken. Die für die Beantwortung der Fragen notwendigen Details werden wir dir an gegebener Stelle natürlich besonders ans Herz legen.

Um dir einen möglichst guten **Überblick** über den Abbau der Triacylglycerine und Fettsäuren zu geben, sind in diesem Skript die Stoffwechselwege chronologisch dargestellt – so wie sie im Organismus auch ablaufen. Wir beginnen daher mit der **Lipolyse** im Fettgewebe, gehen über zur **Oxidation der Fettsäuren** und behandeln schließlich den **Aufbau** und die **Verwertung der Ketonkörper**.

2.3.1 Lipolyse im Fettgewebe

Das Fettgewebe ist der größte Energiespeicher unseres Organismus. Unter den Bedingungen einer Nahrungskarenz werden die im Fettgewebe gespeicherten **Triacylglycerine** zu **Fettsäuren** und **Glycerin** gespalten und ans Blut abgegeben (s. 1.3, S. 5). Diesen Vorgang bezeichnet man als Lipolyse (s. Abb. 16, S. 29). Im Blut werden die Fettsäuren an **Albumin** gebunden und in dieser Form zur Leber transportiert. Die Lipolyse steht unter strenger **hormoneller Kontrolle**, durch die der **cAMP-Spiegel** in den Fettzellen reguliert wird. Hormone, die den cAMP-Spiegel der Zelle steigern (z. B. Glukagon, Adrenalin, Cortisol), stimulieren die Lipolyse und werden daher auch als lipolytische Hormone bezeichnet. **Adrenalin** übt seinen lipolytischen Effekt über **β-adrenerge Rezeptoren** und Stimulierung der Adenylatcyclase aus.

Eine **Steigerung des cAMP-Spiegels** führt zu einer Aktivierung der **Proteinkinase A**. Diese phosphoryliert ihrerseits die **Triacylglycerinlipase (hormonsensitive Lipase)**, die in diesem phosphorylierten Zustand aktiv ist. Die aktivierte Triacylglycerinlipase spaltet nun die gespeicherten Triacylglycerine zu Fettsäuren und **Glycerin**. Letzteres kann von den Fettzellen nicht verwertet werden und gelangt über den Blutweg zur Leber, wo es als Substrat der Gluconeogenese dient. Ein kleiner Anteil der bei der Lipolyse entstehenden Fettsäuren wird wieder zu Acyl-CoA verestert. Der weitaus größere Anteil wird jedoch ans Blut abgegeben und an Albumin gebunden zur Leber transportiert. In der Leber werden die **Fettsäuren** im Rahmen der β-Oxidation (s. 2.3.2, S. 31) zu Acetyl-CoA-Einheiten verstoffwechselt.

> **Merke!**
>
> Ein Teil der im Rahmen der Lipolyse des Fettgewebes zur Leber transportierten Fettsäuren wird in der Leber reverestert und als Triacylglycerine – verpackt in Lipoprotein-Komplexen (VLDL, s. 2.8.1, S. 44) – in das Blut sezerniert.

Hemmung der Lipolyse

Das einzige nennenswerte Hormon, das die Lipolyse hemmt und somit die Fette in ihren Speichern hält, ist das Insulin. Es hat daher eine enorm wichtige Funktion bei der Regulation der Lipolyse und wird entsprechend häufig im Physikum gefragt.

Die Wirkungen des Insulins beruhen auf verschiedenen Mechanismen, durch die die Lipolyse gehemmt und die Fettsäuresynthese angekurbelt wird:

– Aktivierung der cAMP-Phosphodiesterase, die ihrerseits cAMP-Moleküle zu 5'-AMP-Molekülen spaltet. Hierdurch sinkt der cAMP-Spiegel der Fettzellen und die Lipolyse wird gedrosselt.
– Induktion (vermehrte Produktion) der extrazellulär lokalisierten Lipoproteinlipase. Durch dieses Enzym nehmen die Fettzellen vermehrt Fettsäuren und Glycerin auf, aus denen dann Triacylglycerine synthetisiert werden.

- Induktion der Fettsäuresynthase, was ebenfalls den Gehalt der Fettzellen an Fettsäuren erhöht.
- Vermehrter Einbau von Glucose-Transportern (GLUT-4-Transporter) in die Zellmembran der Fettzellen. Dies steigert die Aufnahme von Glucose in die Fettzellen. Innerhalb der Zellen wird Glucose über die Glykolyse zu Acetyl-CoA abgebaut, das anschließend der Fettsäuresynthese dient.
- Ein Teil der Glucose wird zu Glycerophosphat abgebaut und dient somit der Synthese von Triacylglycerinen.

2.3.2 Fettsäureabbau (β-Oxidation)

Der gesamte Fettsäureabbau umfasst drei Schritte: Zunächst werden die Fettsäuren aktiviert, anschließend über einen speziellen Mechanismus ins Mitochondrium transportiert und dort durch β-Oxidation abgebaut.

Fettsäureaktivierung

Sind die Fettsäuren über den Blutweg zur **Leber** gelangt, werden sie dort zur Energiegewinnung in der β-Oxidation oxidiert. Da Fettsäuren aber **reaktionsträge** Verbindungen sind, müssen sie, bevor sie verstoffwechselt werden können, mit **Coenzym A** aktiviert werden. Dazu bildet das Coenzym A über seine SH-Gruppe mit der Fettsäure eine energiereiche Thioesterbindung. Diese Kopplung der Fettsäuren erfolgt in einer zweistufigen Reaktion und wird durch das im Zytoplasma lokalisierte Enzym Thiokinase katalysiert (s. Abb. 17, S. 31):

1. Zunächst reagiert die Fettsäure mit ATP zu Acyl-AMP (Acyl-Adenylat).
2. Anschließend wird der AMP-Rest des Acyl-Adenylats durch ein Coenzym A ersetzt, wodurch Acyl-CoA (aktivierte Fettsäure) und AMP entstehen.

Abb. 17: Fettsäureaktivierung

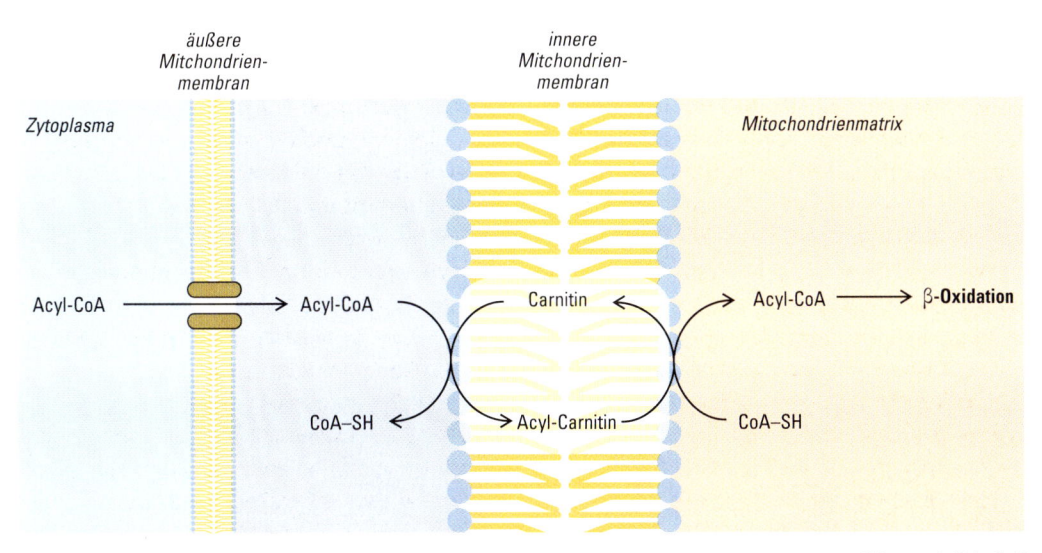

Abb. 18: Carnitin-Shuttle

2 Fettsäuren und Lipide

Der Energieverbrauch dieser Reaktion beträgt **zwei ATP pro Fettsäure**, da der Aufbau eines ATP aus AMP zwei Moleküle ATP verbraucht.

Fettsäuretransport

Die Aktivierung der Fettsäuren (Bildung von Acyl-CoA) erfolgt im Zytoplasma. Der Abbau der Fettsäuren durch die β-Oxidation findet jedoch in der Matrix der Mitochondrien statt. Da die äußere Mitochondrienmembran über entsprechende Poren verfügt, können die aktivierten Fettsäuren diese Membran ungehindert passieren. Der **inneren Mitochondrienmembran** fehlen derartige Poren – sie verfügt stattdessen über ein **spezielles Transportsystem**. Dieses Transportsystem wird **Carnitin-Shuttle** genannt und transportiert Fettsäuren in drei Schritten in die Matrix (s. Abb. 18, S. 31):

1. Nachdem die aktivierten Fettsäuren die äußere Mitochondrienmembran passiert haben, wird an der Außenseite der inneren Mitochondrienmembran der Fettsäurerest auf Carnitin übertragen. So entsteht Acyl-Carnitin und ein Coenzym A wird frei: Enzym = Carnitin-Acyl-Transferase 1.
2. Im nächsten Schritt wird das gebildete Acyl-Carnitin im Austausch gegen ein freies Carnitin-Molekül durch die innere Mitochondrienmembran geschleust.
3. In der mitochondrialen Matrix angekommen, wird in einem letzten Schritt der Fettsäurerest des Acyl-Carnitins wieder auf ein Coenzym A übertragen. Es entstehen somit Acyl-CoA und ein freies Carnitin: Enzym = Carnitin-Acyl-Transferase 2. Malonyl-CoA, das Substrat der Fettsäuresynthese hemmt die Carnithin-Acyl-Transferase 1.

Übrigens ...
Ein hereditärer Mangel an Carnitin-Acyl-Transferase 2 kann die Ursache einer

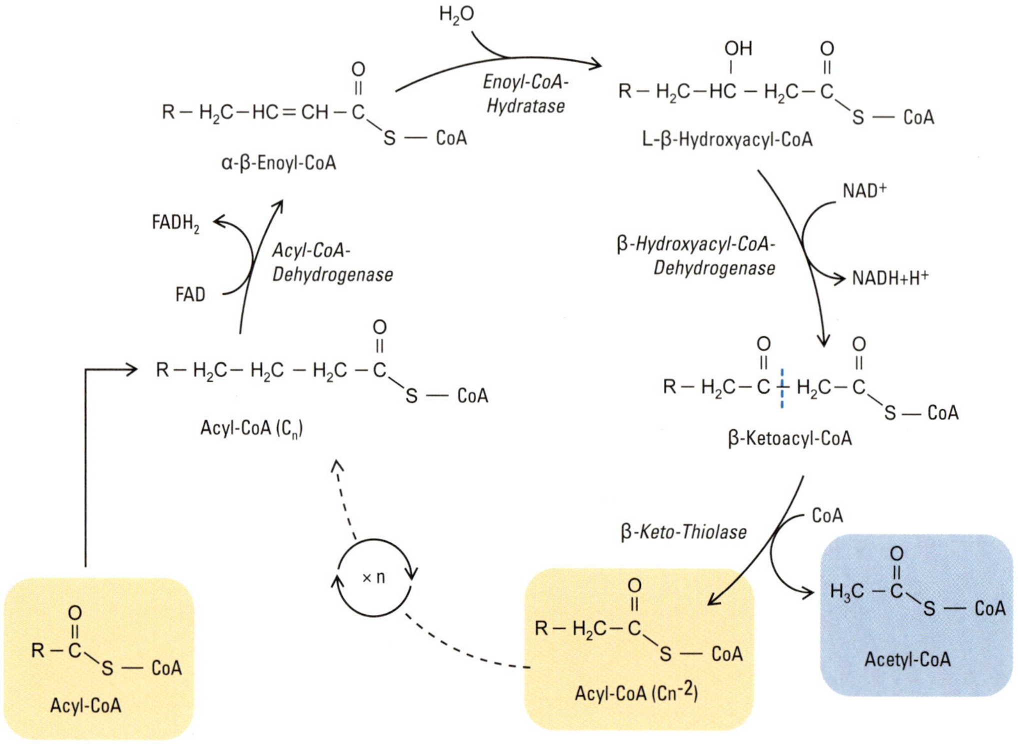

Abb. 19: β-Oxidation

medi-learn.de/6-bc7-19

2.3.2 Fettsäureabbau (β-Oxidation)

Myopathie sein. Dabei ist die Energiegewinnung aus Acyl-CoA über die mitochondriale β-Oxidation beeinträchtigt.

Ablauf der β-Oxidation

Die β-Oxidation umfasst den Abbau von aktivierten Fettsäuren zu Acetyl-CoA-Einheiten. Die Enzyme der β-Oxidation befinden sich im **Matrixraum der Mitochondrien**, v. a. in Leber- und Muskelzellen. Insgesamt umfasst die β-Oxidation vier Schritte, von denen zwei Oxidationen sind. Da diese Oxidationen am β-C-Atom der Fettsäure stattfinden, heißt der Reaktionsweg β-Oxidation. Im Einzelnen handelt es sich um folgende Schritte (s. Abb. 19, S. 32):

1. **Oxidation:** Die aktivierte Fettsäure wird zu einer α-β-ungesättigten Fettsäure (Δ2-trans-Enoyl-CoA) umgewandelt. Es wird also eine Doppelbindung in die Fettsäure eingebaut. Als Oxidationsmittel dient FAD, das Enzym ist die Acyl-CoA-Dehydrogenase.
2. **Hydratisierung:** In die ungesättigte Fettsäure wird Wasser eingebaut. Dabei wird am β-C-Atom (zweites C-Atom nach dem C-Atom mit der Carbonylgruppe) eine Hydroxyl-Gruppe angehängt. Das Produkt heißt L-β-Hydroxy-Acyl-CoA und das Enzym Enoyl-CoA-Hydratase.
3. **Oxidation:** Die Hydroxyl-Gruppe des L-β-Hydroxy-Acyl-CoA wird zur Ketogruppe und es entsteht β-Keto-Acyl-CoA. Als Oxidationsmittel dient NAD, das Enzym ist die β-Hydroxy-Acyl-CoA-Dehydrogenase.
4. **Thiolytische Spaltung:** Ein Coenzym A greift mit seiner SH-Gruppe die Bindung zwischen dem α- und β-C-Atom des β-Keto-Acyl-CoA an und spaltet ein Acetyl-CoA-Molekül von diesem ab. Neben dem Acetyl-CoA-Molekül entsteht noch ein um zwei C-Atome verkürztes Acyl-CoA, welches das angreifende Coenzym A gebunden hat. Das ausführende Enzym ist die β-Keto-Thiolase.

Dieser Zyklus wird nun so oft wiederholt, bis die aktivierte Fettsäure vollständig zu Acetyl-CoA-Einheiten abgebaut wurde.

Der Abbau **ungeradzahliger Fettsäuren** erfolgt ebenfalls nach diesem Schema. Während jedoch beim Abbau geradzahliger Fettsäuren im letzten Schritt zwei Moleküle Acetyl-CoA entstehen, bleibt beim Abbau ungeradzahliger Fettsäuren neben einem Molekül Acetyl-CoA ein Molekül **Propionyl-CoA** (drei C-Atome) übrig. Dieses kann in der β-Oxidation nicht weiter abgebaut werden und reagiert daher durch Biotin- und Cobalamin-abhängige Carboxylierung und Umlagerung über Methyl-Malonyl-CoA zu Succinyl-CoA. Succinyl-CoA wird anschließend in den Citratzyklus eingeschleust. Ist der Abbau von Propionyl-CoA zu Succinyl-CoA gestört (z. B. durch einen angeborenen Enzymdefekt), kommt es beim Neugeborenen zu muskulärer Hypotonie und Bewusstseinstrübung. Im Urin findet man eine hohe Konzentration an Methylaminosäure.

Ungesättigte Fettsäuren können nach Auflösung der Doppelbindung als Zwischenprodukte (L-β-Hydroxy-Acyl-CoA) in den Zyklus der β-Oxidation eingeführt werden. Voraussetzung hierfür ist die vorherige Isomerisierung (Enzym = Isomerase) und Hydratisierung der ungesättigten Fettsäure.

Sehr lange Fettsäuren (≥ 22 C-Atome) werden zunächst in den Peroxisomen abgebaut. Hierbei entsteht H_2O_2, das zudem im zweiten Oxidationsschritt als Elektronenakzeptor dient. Die verkürzten Fettsäuren können dann in der β-Oxidation der Mitochondrien weiter abgebaut werden.

> **Merke!**
>
> Bei der Verstoffwechslung aktivierter Fettsäuren in der β-Oxidation wird in jedem Durchlauf ein Molekül Acetyl-CoA, ein NADH + H$^+$ und ein FADH$_2$ gebildet. In der β-Oxidation findet folglich KEINE direkte ATP-Bildung statt.

Übrigens ...
Das autosomal-rezessiv vererbte Zellweger-Syndrom (Cerebro-hepato-renales Syndrom) ist durch das Fehlen von Peroxisomen und/oder durch eine

2 Fettsäuren und Lipide

Störung des peroxisomalen Stoffwechsels gekennzeichnet. Dadurch ist u. a. der Abbau langkettiger Fettsäuren (> 18 C-Atome) beeinträchtigt. Die Erkrankung führt meist bereits im Säuglingsalter zum Tod.

2.4 Ketonkörper

Das Kapitel der Ketonkörper zählt ebenfalls zu den Themen, die sowohl sehr prüfungsrelevant sind (das gilt für das schriftliche **und** das mündliche Examen) als auch klinisch eine bedeutende Rolle spielen (z. B. Diabetes mellitus).

Zu den Ketonkörpern gehören Verbindungen, die eine Ketogruppe enthalten (Acetoacetat, Aceton) aber auch das β-Hydroxybutyrat, das anstelle der Ketogruppe eine Hydroxyl-Gruppe hat und daher rein chemisch gesehen gar kein Ketonkörper mehr ist (s. Abb. 20, S. 34). Dennoch wird es nach wie vor dazugezählt und stellt sogar den Hauptanteil der Ketonkörper im Blut dar.

$$H_3C-\overset{O}{\underset{\|}{C}}-CH_2-COO^- \qquad H_3C-\underset{\underset{OH}{|}}{CH}-CH_2-COO^-$$

Acetoacetat β-Hydroxybutyrat

$$H_3C-\overset{O}{\underset{\|}{C}}-CH_3$$

Aceton

Abb. 20: Ketonkörper medi-learn.de/6-bc7-20

2.4.1 Ketogenese (Bildung der Ketonkörper)

Die **Ketogenese** findet – wie die β-Oxidation (s. 2.3.2, S. 31) – in der Matrix der Mitochondrien statt. Im Gegensatz zur β-Oxidation können jedoch nur die Lebermitochondrien Ketogenese betreiben. Ketonkörper werden dort vor allem dann gebildet, wenn die durch eine gesteigerte β-Oxidation entstehenden Acetyl-CoA-Einheiten nicht mehr komplett durch den Citratzyklus verstoffwechselt werden. Auch die Ketogenese umfasst vier Schritte (s. Abb. 21, S. 34):

$$H_3C-\overset{O}{\underset{\|}{C}}-S-CoA \quad + \quad H_3C-\overset{O}{\underset{\|}{C}}-S-CoA$$

Acetyl-CoA Acetyl-CoA

↓ β-Keto-Thiolase ① → CoA-SH

$$H_3C-\overset{O}{\underset{\|}{C}}-CH_2-\overset{O}{\underset{\|}{C}}-S-CoA$$

Acetoacetyl-CoA

↓ β-HMG-CoA-Synthase ② ← Acetyl-CoA / → CoA-SH

$$CoA-S-\overset{O}{\underset{\|}{C}}-CH_2-\underset{\underset{CH_3}{|}}{\overset{\overset{OH}{|}}{C}}-CH_2-COO^-$$

β-HMG-CoA

↓ β-HMG-CoA-Lyase ③ → Acetyl-CoA

$$H_3C-\overset{O}{\underset{\|}{C}}-CH_2-COO^-$$

Acetoacetat

④a ↙ CO₂   ④b ↘ NADH + H⁺ / NAD⁺
         β-Hydroxybutyrat-Dehydrogenase

$$H_3C-\overset{O}{\underset{\|}{C}}-CH_3 \qquad H_3C-\underset{\underset{OH}{|}}{CH}-CH_2-COO^-$$

Aceton β-Hydroxybutyrat

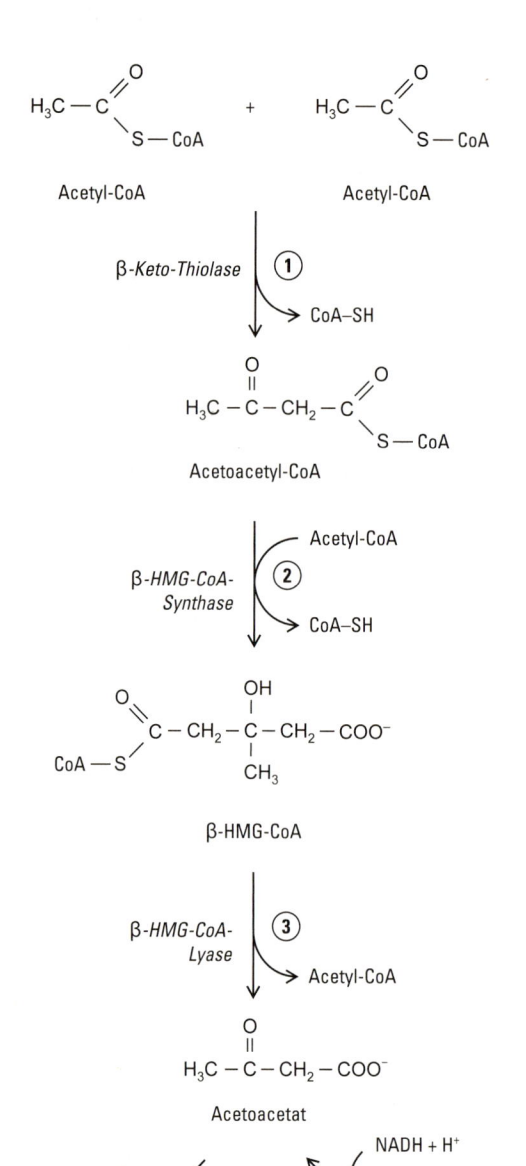

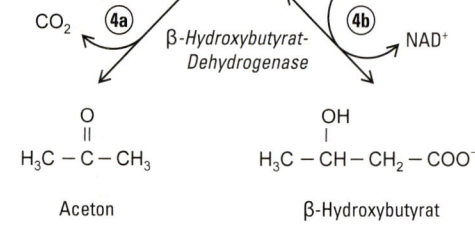

Abb. 21: Ketogenese medi-learn.de/6-bc7-21

2.4.2 Ursachen gesteigerter Ketonkörperbildung

1. Zwei Moleküle Acetyl-CoA reagieren zu einem Molekül Acetoacetyl-CoA Enzym = β-Keto-Thiolase
2. Durch das Hinzufügen eines weiteren Moleküls Acetyl-CoA entsteht β-Hydroxy-β-Methylglutaryl-CoA (HMG-CoA). Enzym = β-HMG-CoA-Synthase
3. Unter der Bindung des ersten Ketonkörpers wird ein Acetyl-CoA-Molekül abgespalten – es entsteht Acetoacetat. Enzym = β-HMG-CoA-Lyase
4. Das gebildete **Acetoacetat** kann nun auf zwei Wegen weiterreagieren:
   - Der größte Anteil wird zum nächsten Ketonkörper, **β-Hydroxybutyrat** (β-Hydroxybuttersäure), reduziert. Enzym = β-Hydroxybutyrat-Dehydrogenase
   - Die spontane Decarboxylierung von Acetoacetat zum letzten Ketonkörper, Aceton, spielt unter physiologischen Bedingungen nur eine geringe Rolle. Aceton kann nicht weiter verstoffwechselt werden und wird über die Atemluft ausgeschieden.

> **Übrigens ...**
> Bei Patienten mit entgleistem Diabetes mellitus und dementsprechend massiv gesteigerter Ketogenese kommt es konsequenterweise zu einer gesteigerten Produktion von Aceton, welches in erhöhten Mengen abgeatmet wird. Der damit verbundene Geruch kann eine wichtige diagnostische Hilfe sein (beispielsweise bei bewusstlosen Patienten).

Das vorrangig gebildete β-Hydroxybutyrat wird ans Blut abgegeben und dient den peripheren Geweben als gut verwertbare Energiequelle (s. 2.4.3, S. 37).

2.4.2 Ursachen gesteigerter Ketonkörperbildung

Eine gesteigerte Ketogenese erfolgt v. a. nach **längerer Nahrungskarenz** (fällt der Blutzucker und demzufolge das Insulin, wird die Lipolyse angekurbelt s. 1.3, S. 5). Freie Fettsäuren im Plasma tragen zur Steigerung der Ketogenese bei. Wenn die Glykogenvorräte der Leber verbraucht sind, ist es die Aufgabe der Leber, den Blutzuckerspiegel über die **Gluconeogenese** konstant zu halten. Als **Brennmaterial** für diesen energieaufwendigen Vorgang dienen die durch die Lipolyse des Fettgewebes freigesetzten Fettsäuren, genauer: das durch deren Abbau entstehende ATP. Durch das hohe Angebot an Fettsäuren wird die Aktivität der **β-Oxidation** und somit die Produktion von Acetyl-CoA in der Leber massiv gesteigert

Die gebildeten Acetyl-CoA-Einheiten werden zunächst über den Citratzyklus und die Atmungskette zur Energiegewinnung genutzt und das produzierte ATP für die Gluconeogenese verwendet.

Durch die nun verstärkt ablaufende Gluconeogenese wird immer mehr **Oxalacetat** verbraucht. Da Oxalacetat auch ein wichtiges Substrat des Citratzyklus ist und zusätzlich der hohe Gehalt der Hepatozyten an **ATP** die Enzyme des Citratzyklus hemmt, kommt es zu einer **Drosselung des Citratzyklus** (s. Abb. 22 a, S. 36). Gleichzeitig produziert jedoch die β-Oxidation weiterhin große Mengen an Acetyl-CoA-Einheiten, die nun nicht mehr über den Citratzyklus verstoffwechselt werden können. Daher werden die anfallenden Acetyl-CoA von der Leber jetzt zur Synthese von Ketonkörpern genutzt (s. Abb. 22 b, S. 36). Die fertigen Ketonkörper werden anschließend ins Blut abgegeben und dienen den peripheren Geweben als willkommene Energieträger (liefern Acetyl-CoA, s. 2.4.3, S. 37). Durch die Bildung und Verwertung von Ketonkörpern kann der Organismus bei Energiemangel wertvolle Glucose und Proteine einsparen.

Ketonkörper sind – im Gegensatz zu Fettsäuren – **wasserlöslich** und können daher ohne besondere Hilfsmittel im Blut transportiert werden. Ketonkörper können über die Nieren ausgeschieden werden und sind bei verstärk-

2 Fettsäuren und Lipide

ter Lipolyse in erhöhtem Maße im Urin nachweisbar. Da die Ketonkörper schwache Säuren sind (Ausnahme: Aceton), die bei dem physiologischen pH-Wert des Bluts vollständig dissoziieren (ihre Protonen abgeben), führen sie zu einer **metabolischen Azidose** (Ketoazidose).

Übrigens …
Die Ketoazidose ist eine gefürchtete Komplikation des Typ-1-Diabetes: Aus verschiedenen Gründen kann es bei diesen Patienten zu einem schweren Insulinmangel kommen, der zu einer

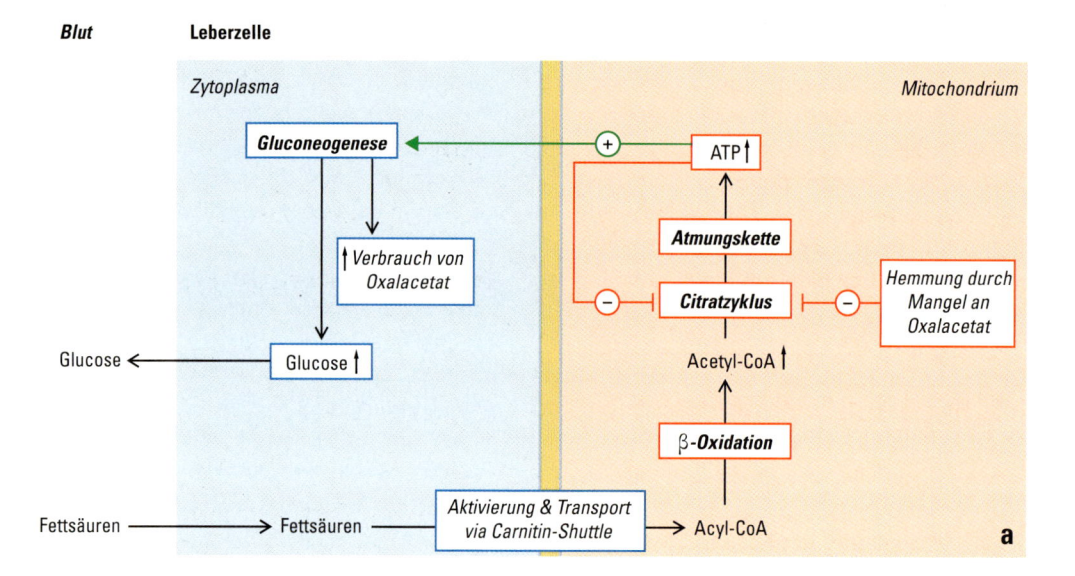

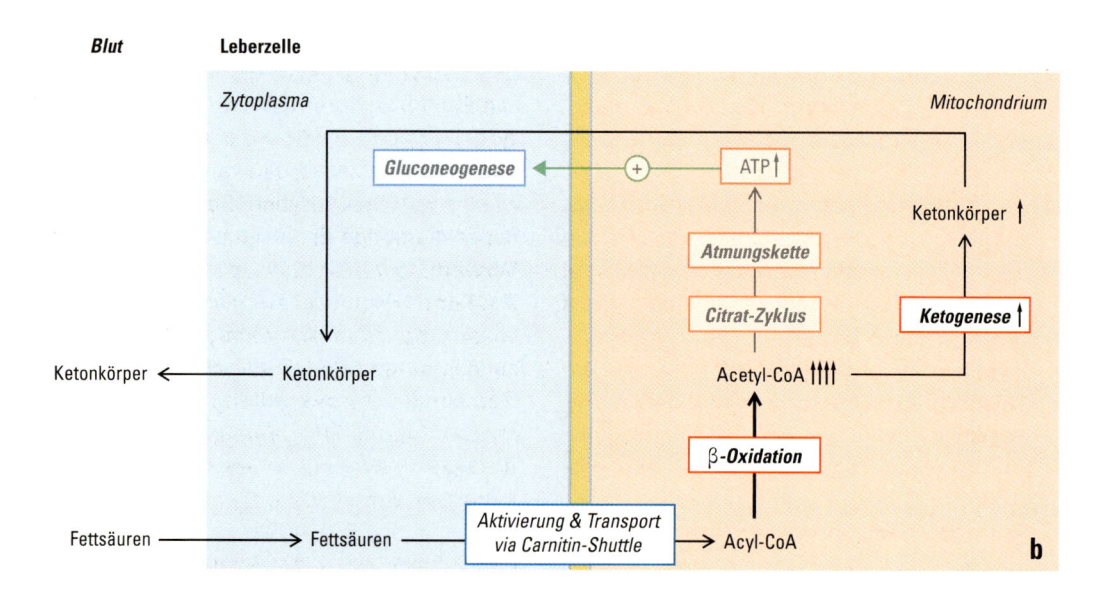

Abb. 22: Ursachen gesteigerter Ketonkörperbildung. Dargestellt ist eine Leberzelle.
  a) Hungerzustand (mittelfristig) nach Verbrauch der Glykogenvorräte
  b) Hungerzustand (langfristig) nach Hemmung des Citratzyklus

medi-learn.de/6-bc7-22

2.4.3 Verwertung der Ketonkörper

starken Entgleisung des Stoffwechsels führt. Das Resultat ist eine unterschiedlich ausgeprägte Hyperglykämie. Gleichzeitig kann der Körper den Blutzucker jedoch nicht verwerten und mobilisiert zur Energiegewinnung die körpereigenen Fettreserven. Die in einer solchen Situation enorm gesteigerte β-Oxidation führt ihrerseits zu einer massiv gesteigerten Ketogenese und somit zu einer starken Ketoazidose. Diese Übersäuerung des Körpers bedingt – zusammen mit dem hohen Blutzuckerspiegel – ein starkes Austrocknen und eine ausgeprägte Entgleisung des Elektrolythaushalts.

> **Merke!**
>
> β-Oxidation ↑ → Acetyl-CoA ↑ → Ketogenese ↑ → Ketoazidose (Hungerazidose)

Die zwei so entstandenen Moleküle Acetyl-CoA werden zwecks Energieproduktion in den Citratzyklus und anschließend in die Atmungskette eingeführt.

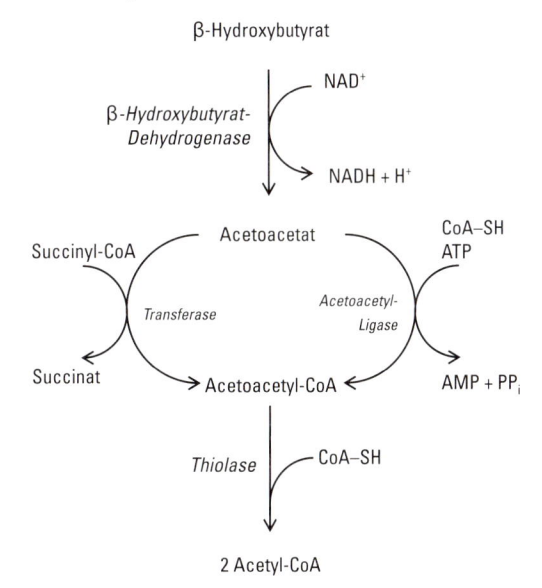

Abb. 23: Ketonkörperverwertung
medi-learn.de/6-bc7-23

2.4.3 Verwertung der Ketonkörper

Ketonköper können NUR von **extrahepatischen** Geweben verwertet werden (v. a. Muskel, Niere und bei hoher Konzentration auch das ZNS). Dabei werden die Ketonkörper – v. a. das ß-Hydroxybutyrat – zu zwei Molekülen Acetyl-CoA abgebaut (s. Abb. 23, S. 37):

1. Das ß-Hydroxybutyrat wird – nach seiner Aufnahme in die extrahepatischen Zellen – zunächst **oxidiert**. Als Oxidationsmittel dient NAD und es entstehen Acetoacetat sowie NADH + H$^+$.
2. Acetoacetat wird durch die Bindung an ein **Coenzym A** zu Acetoacetyl-CoA aktiviert. Diese Aktivierung kann auf zwei Wegen erfolgen:
   - direkt = Kopplung an Coenzym A → Acetoacetyl-CoA
   - indirekt = Austauschreaktion mit Succinyl-CoA → Acetoacetyl-CoA + Succinat
3. Durch ein angreifendes Coenzym A wird das Acetoacetyl-CoA **thiolytisch gespalten** (vgl. letzter Schritt der β-Oxidation, s. 2.3.2, S. 31). Enzym = Thiolase.

Die in der Leber gebildeten Ketonkörper stellen lediglich die Transportform von Acetyl-CoA dar. Nach ihrer Aufnahme durch die peripheren Gewebe werden sie sofort wieder zu Acetyl-CoA umgewandelt, welches zur Energiegewinnung genutzt werden kann. Im Gegensatz zu den extrahepatischen Geweben fehlt der Leber die nötige Enzymausstattung für diese Verwertung von Ketonkörpern.

Das Tempo Schritt der Ketonkörperverwertung wird durch die Umwandlung von Acetoacetat zu Acetoacetyl-CoA unter Verwendung von Succinyl-CoA (Umwandlung zu Succinat) bestimmt. Die zuständige Transferase kommt in der Leber nicht vor, sodass dieser Schritt nur extrahepatisch stattfindet.

2.5 Biosynthese der Fettsäuren

Während wir bislang besonders die Auswirkungen des Nahrungs- und somit Energiemangels auf den Fettstoffwechsel betrachtet ha-

2 Fettsäuren und Lipide

ben, widmen wir uns nun der Situation des **Nahrungs- und Energieüberschusses**.

Liegt ein Nahrungsüberschuss vor, so baut der Organismus aus den aufgenommenen Kohlenhydraten über Acetyl-CoA neue Fettsäuren auf, die er dann als Triacylglycerine im Fettgewebe (für schlechte Zeiten) speichert.

Der Aufbau von Fettsäuren findet im **Zytoplasma** statt. Die Synthese von Acetyl-CoA aus Glucose erfolgt jedoch im Mitochondrium.

Wiederholung: Ablauf der Glykolyse im Zytoplasma → Pyruvat gelangt ins Mitochondrium → hier Oxidation zu Acetyl-CoA durch die Pyruvat-Dehydrogenase.

Aber was solltest du dir hiervon für das schriftliche Physikum besonders gut einprägen? In den Fragen der letzten 10 Jahre wurde häufig nach der Acetyl-CoA-Carboxylasereaktion gefragt. Bezüglich der eigentlichen Fettsäuresynthese empfiehlt es sich, wenn du deren Unterschiede zum Fettsäureabbau (β-Oxidation) besonders gut kennst (Lokalisation, Enzyme, Reduktionsäquivalente usw.).

2.5.1 Acetylgruppentransfer aus dem Mitochondrium ins Zytosol

Da **Acetyl-CoA** vom Mitochondrium ins Zytosol gelangen muss, jedoch **nicht membrangängig** ist, wird ein Shuttle-System benötigt (s. Abb. 24, S. 38). Zunächst reagiert dabei das Acetyl-CoA im Mitochondrium mit Oxalacetat zu **Citrat** (Enzym = Citratsynthase).

Das Citrat kann die Membran passieren und wandert ins Zytoplasma. Dort wird es unter ATP-Verbrauch wieder in Acetyl-CoA und Oxalacetat gespalten (Enzym = Citrat-Lyase).

Damit ist das Acetyl-CoA auch schon am Ziel seiner Reise und dient der Fettsäuresynthese, während Oxalacetat zu Pyruvat oder Malat umgewandelt wird und in dieser Form wieder ins Mitochondrium zurückkehrt (s. Abb. 24, S. 38).

2.5.2 Acetyl-CoA-Carboxylasereaktion

Damit aus Acetyl-CoA Fettsäuren aufgebaut werden können, muss es noch etwas reaktionsfreudiger werden – dies wird durch die Carboxylierung zu Malonyl-CoA erreicht.

Als Carboxylgruppendonator dient Biotin. Die Reaktion wird durch die Acetyl-CoA-Carboxylase katalysiert. Dieses Enzym ist gleichzeitig das **Schrittmacherenzym der Fettsäurebiosynthese** und unterliegt daher einer strengen Kontrolle:

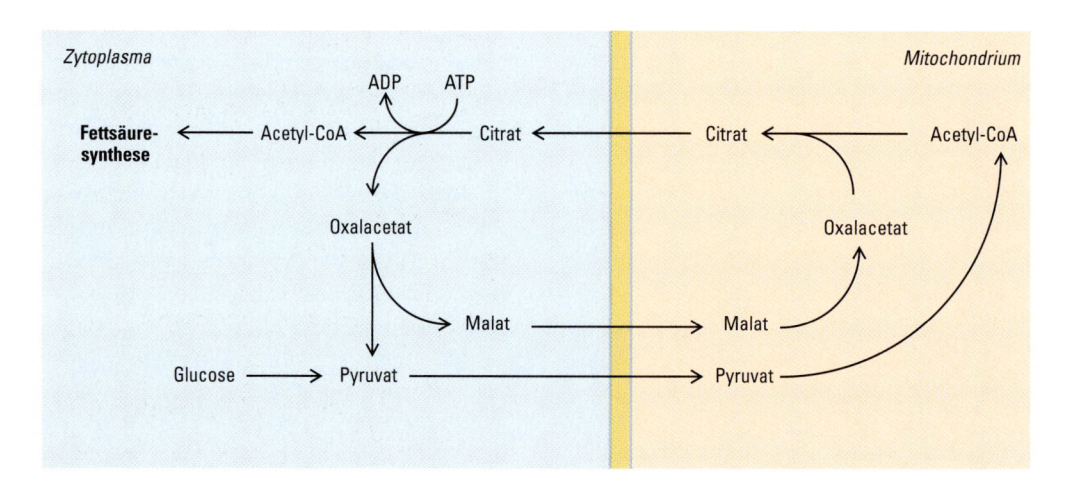

Abb. 24: Acetylgruppentransfer

2.5.2 Acetyl-CoA-Carboxylasereaktion

- Es wird durch aktivierte Fettsäuren (negative Feedbackhemmung durch Acyl-CoA) gehemmt.
- Aktiviert wird es durch Citrat, ATP, Insulin und NADPH + H$^+$. Für die schriftlichen Physikumsfragen ist es noch wichtig, dass man weiß, dass das Enzym im dephosporylierten Zustand aktiv ist.

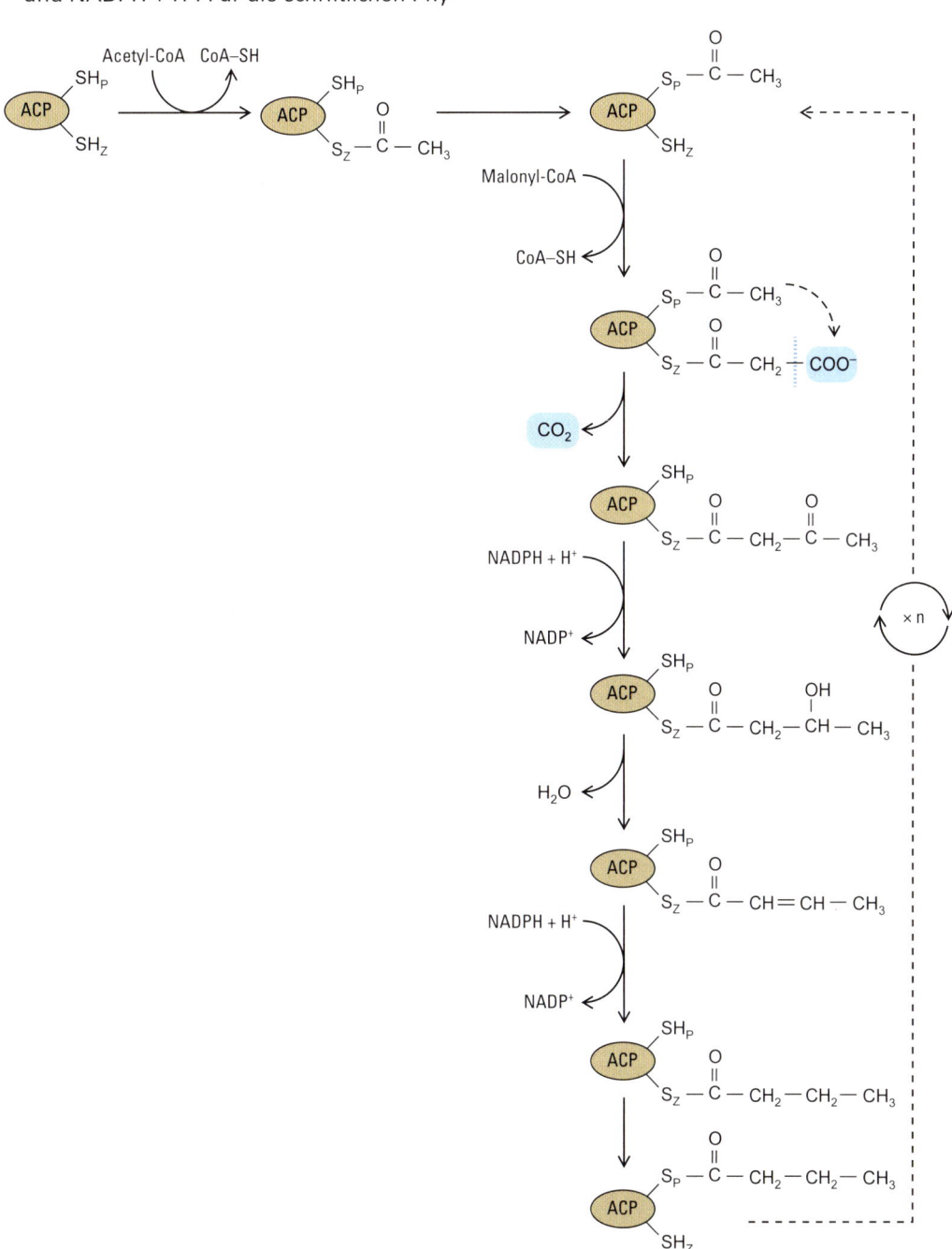

Abb. 25: Fettsäuresynthese

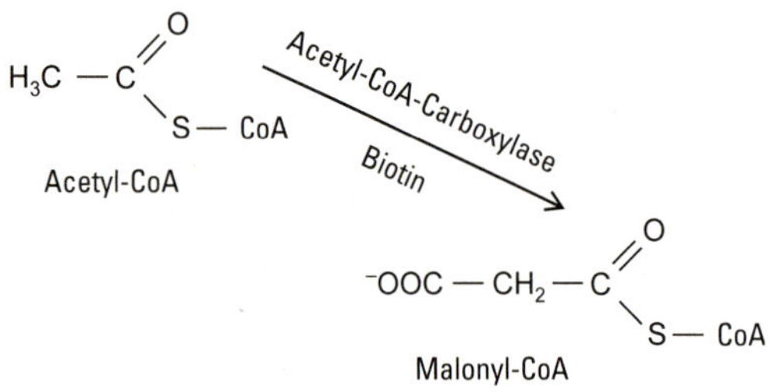

2 Fettsäuren und Lipide

Abb. 26: Acetyl-CoA-Carboxylasereaktion

medi-learn.de/6-bc7-26

> **Merke!**
>
> Biotin ist das Coenzym der Acetyl-CoA-Carboxylase.

2.5.3 Ablauf der Fettsäurebiosynthese

Die Fettsäurebiosynthese erfolgt an einem **Multienzymkomplex** im **Zytoplasma** aller kernhaltigen Zellen. Als **Ausgangsmaterial** für die Synthese **geradzahliger Fettsäuren** (v. a. C_{16} und C_{18}) dient der C_2-Körper **Acetyl-CoA**. Das Ausgangsmaterial für die Synthese **ungeradzahliger Fettsäuren** ist der C_3-Körper **Propionyl-CoA**. Das Substrat für die Kettenverlängerung ist in beiden Fällen **Malonyl-CoA** (s. 2.5.2, S. 38). Die Fettsäuresynthase (Multienzymkomplex der Fettsäuresynthese) besteht aus **zwei identischen Untereinheiten** mit je zwei wichtigen **SH-Gruppen**:
- Die **Zentrale SH-Gruppe** (SH_z) dient zur Aufnahme der Substrate und der Bearbeitung der Fettsäurekette. Ihre SH-Gruppe stammt von einem Pantetheinrest (Phosphopantethein). Diese Phosphopantethein-Domaine wird ACP (Acyl-Carrier-Protein) genannt.
- Die **Periphere SH-Gruppe** (SH_p) ist die Ablagestelle für die wachsende Fettsäurekette. Ihre SH-Gruppe stammt von einem Cysteinrest.
- An beiden SH-Gruppen werden die Substrate über kovalente Thioester-Bindungen gebunden.

Beginnen wir mit dem häufigsten Fall, der Synthese geradzahliger, gesättigter Fettsäuren (s. Abb. 25, S. 39):
1. Als Ausgangssubstrat dient **Acetyl-CoA**, das mit der **zentralen SH-Gruppe** aufgenommen wird. Dabei wird sein CoA-Rest abgespalten, sodass jetzt nur der Acetyl-Rest auf der zentralen SH-Gruppe sitzt.
2. Der **Acetyl-Rest** wird auf die **periphere SH-Gruppe** übertragen.
3. Nun wird ein **Malonyl-CoA** (aus der Acetyl-CoA-Carboxylasereaktion, s. 2.5.2, S. 38) auf die **zentrale SH-Gruppe** geladen. Dies erfolgt ebenfalls unter Abspaltung des CoA.
4. Im nächsten Schritt wird **Malonyl** zu Acetyl **decarboxyliert** (Abspaltung des CO_2).
5. **Der Acetyl-Rest wird von der peripheren SH-Gruppe auf das Ende des Acetyl-Rests der zentralen SH-Gruppe übertragen.** Hierdurch entsteht an der zentralen SH-Gruppe ein Acetacetyl-Rest mit einer Ketogruppe, der nun an dieser SH-Gruppe zu einem Acyl-Rest ohne Ketogruppe umgeformt werden muss. Zur Erinnerung: Die Zählweise der C-Atome erfolgt ausgehend vom höchstoxidierten C-Atom, in diesem Fall also vom C-Atom der Thioesterbindung. Dieses ist das C-Atom Nr. 0, danach folgt das α-C-Atom und das β-C-Atom mit der Ketogruppe.
6. Jetzt wird die **Ketogruppe** am β-C-Atom zu einer OH-Gruppe **reduziert**. Als Reduktionsäquivalent dient **NADPH + H⁺** und es entsteht der D-β-Hydroxyacyl-Rest.
7. Als nächstes wird die OH-Gruppe in Form von Wasser entfernt. Aus dieser **Dehydratisierung** geht ein ungesättigter Fettsäurerest mit einer Doppelbindung zwischen dem α- und β-C-Atom (α-β-Dehydroacyl-Rest) hervor.
8. Im folgenden Schritt wird eine zweite Reduktion mittels **NADPH + H⁺** durchgeführt. Hierdurch entsteht der gesättigte Fettsäurerest (Acyl-Rest).
9. **Der an der zentralen SH-Gruppe gebildete Acyl-Rest wird nun auf die periphere SH-Gruppe übertragen und dort gelagert.**

10. Dadurch kann an der **zentralen SH-Gruppe** erneut ein **Malonyl-Rest** aufgenommen werden (Schritt drei) und ein neuer Kreislauf (ab Schritt vier) beginnt.

Die Kohlenstoffkette wird somit pro Umlauf um zwei C-Atome verlängert. Bevorzugte Syntheseprodukte sind Fettsäuren mit 16 C-Atomen (**Palmitinsäure**: 1 Acetyl-CoA + 7 Malonyl-CoA) und 18 C-Atomen (**Stearinsäure**: 1 Acetyl-CoA + 8 Malonyl-CoA).

Die für die Fettsäurebiosynthese benötigten **NADPH + H$^+$** stammen hauptsächlich aus dem **Pentosephosphatweg** und der **Malat-Dehydrogenase-Reaktion** (Malat + NADP$^+$ → Pyruvat + CO$_2$ + NADPH + H$^+$), die durch das Malat-Enzym im Zytosol katalysiert wird.

Die Synthese **ungesättigter** Fettsäuren erfolgt aus den gesättigten Fettsäuren im **endoplasmatischen Retikulum der Hepatozyten** durch einen **speziellen Enzymkomplex** aus **Cytochrom b$_5$** und einer **Desaturase**. Für den Einbau der Doppelbindung wird zusätzlich molekularer Sauerstoff und NADPH + H$^+$ benötigt. Dieser Komplex kann allerdings nur Doppelbindungen zwischen der Carboxylgruppe und dem neunten C-Atom einer Fettsäure einbauen. So kann durch diesen Enzymkomplex z. B. aus der gesättigten Fettsäure Stearinsäure die ungesättigte Fettsäure **Ölsäure** (Doppelbindung an C9) hergestellt werden.

Wichtige mehrfach ungesättigte Fettsäuren kann jener Komplex jedoch nicht synthetisieren. Daher sind die Linolsäure (Doppelbindung an C9 und C12) und die Linolensäure (Doppelbindungen an C9, C12, C15) essenziell (s. a. 1.1.5, S. 3).

Aus Linolsäure kann der Organismus **Arachidonsäure** herstellen. Die Arachidonsäure ist eine vierfach ungesättigte Fettsäure, aus der der Organismus wichtige Signalmoleküle wie Prostaglandine und Leukotriene synthetisiert. Arachidonsäure ist somit nur bedingt essenziell (nur bei Fehlen von Linolsäure).

An dieser Stelle solltest du dir die Gemeinsamkeiten und Unterschiede zwischen der Biosynthese der Fettsäuren und deren Abbau in der β-Oxidation verdeutlichen, da diese häufig Gegenstand der Fragen im schriftlichen Physikum sind. Prinzipiell handelt es sich zwar bei der Synthese der Fettsäuren um eine Umkehr der β-Oxidation, es bestehen jedoch wichtige Unterschiede, die in folgender Tabelle zusammengefasst sind:

	FS-Abbau (β-Oxidation)	FS-Synthese
Lokalisation	Mitochondrium v. a. Leber und Muskel	Zytosol fast aller kernhaltigen Zellen
Enzyme	vier verschiedene	ein Multienzymkomplex
Substrat/Produkt	Acyl-CoA/Acetyl-CoA	Malonyl-CoA/Acyl-CoA
Wasserstoffträger	NAD$^+$/FAD	NADPH + H$^+$

Tab. 3: Vergleich von FS-Synthese und FS-Abbau (β-Oxidation)

2.6 Biosynthese der Triacylglycerine

Die Biosynthese der Triacylglycerine wird im schriftlichen Physikum sehr häufig gefragt. Da es sich um ein eher kleines Kapitel handelt, kannst du hier mit relativ wenig Aufwand viele Punkte holen.

Die frisch synthetisierten Fettsäuren werden – falls der Körper sie nicht für andere Zwecke braucht – in der praktischen Form von **Triacylglycerinen** gespeichert. Für deren Synthese müssen aber sowohl die Fettsäuren als auch das Glycerin zunächst **aktiviert** werden:

– Die Fettsäuren werden in einer ATP-abhängigen Reaktion zu aktivierten Fettsäuren (Acyl-CoA) umgeformt (s. Abb. 17, S. 31).
– Die Aktivierung des Glycerins zu Glycerin-3-Phosphat ist je nach Gewebe (s. Abb. 27, S. 42) unterschiedlich:
  • **Leber** und **Niere**: direkte Phosphorylierung mittels ATP, Enzym = Glycerokinase
  • **Fettgewebe** und **Muskulatur**: Die Glycerokinase fehlt, sodass sie das Glycerin-

2 Fettsäuren und Lipide

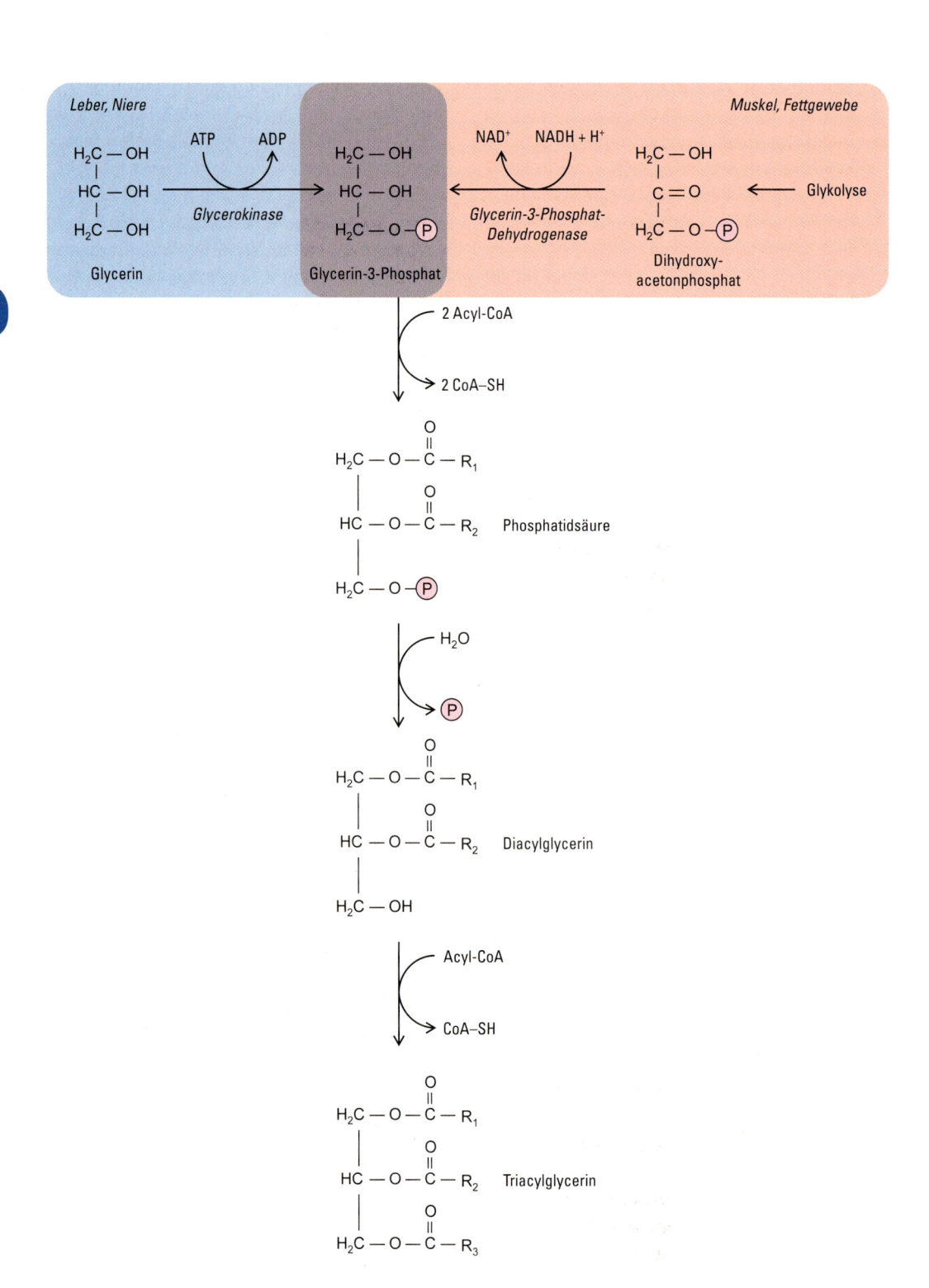

Abb. 27: Triacylglycerinsynthese

3-Phosphat über Zwischenprodukte der Glykolyse herstellen müssen. Hierzu wird Dihydroxyaceton-Phosphat aus der Glykolyse mittels NADH + H$^+$ zu Glycerin-3-Phosphat reduziert; Enzym = Glycerin-3-Phosphat-Dehydrogenase.

Sind beide Ausgangsstoffe erfolgreich aktiviert, kann die Synthese der Triacylglycerine mit **Glycerin-3-Phosphat** und **Acyl-CoA** beginnen. Dabei wird zunächst Glycerin-3-Phosphat mit zwei Molekülen Acyl-CoA (unter Abspaltung der CoA) zu **Phosphatidsäure** (Diacylglycerinphosphat) verknüpft. Als nächstes wird der Phosphatrest abgespalten, wodurch ein 1,2-Diacylglycerin (α-β-Diacylglycerin) entsteht. Im letzten Schritt wird ein drittes Acyl-CoA unter Abspaltung seines CoA-Rests mit dem Diacylglycerin verknüpft – fertig ist das Triacylglycerin.

2.7 Cholesterinbiosynthese

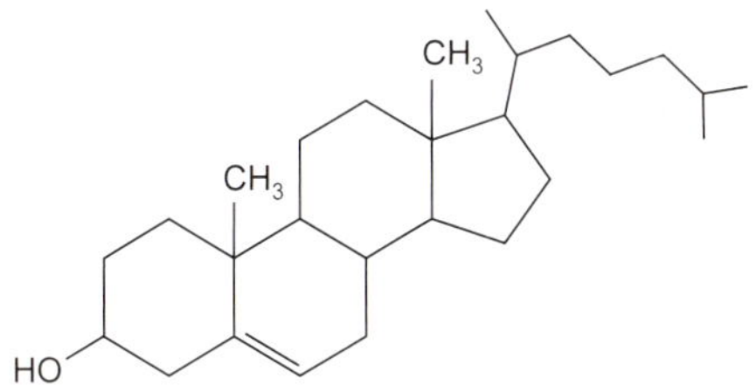

Abb. 28: Cholesterin *medi-learn.de/6-bc7-28*

Die Cholesterinsynthese findet im Zytoplasma aller kernhaltigen Zellen statt. Als Substrat dient Acetyl-CoA. Wichtig ist, dass die Cholesterinbiosynthese ein sehr energieaufwendiger Prozess ist (hoher ATP-Verbrauch) und Cholesterin nicht abgebaut und zur Energiegewinnung genutzt werden kann. Da Cholesterin jedoch das Substrat für verschiedene, zum Teil lebensnotwendige Verbindungen und Funktionen darstellt (z. B. Membransynthese, Steroidhormone, Gallensäuren, Vitamin D), geht der Organismus nicht das Risiko ein, ausschließlich auf eine exogene Zufuhr angewiesen zu sein, sondern leistet sich den Luxus der energieaufwendigen Synthese.

> **Merke!**
>
> 18 Acetyl-CoA (C_2) → 6 β-HMG-CoA (C_6) → 6 Mevalonsäure (C_6) → 6 aktive Isopren (C_5) → 1 Squalen (C_{30}) → 1 Lanosterin (C_{30}) → 1 Cholesterin (C_{27})

2.7.1 Ablauf der Cholesterinbiosynthese

Um die überwiegende Anzahl der Physikums-Fragen zur Cholesterinsynthese zu lösen, reichen dir glücklicherweise die im Folgenden erwähnten Schritte.

1. Zunächst werden aus **drei Molekülen Acetyl-CoA** (C_2-Körper) ein **β-HMG-CoA** (C_6-Körper) hergestellt. Bis hierhin gleicht die Cholesterinsynthese der Ketogenese (s. 2.4.1, S. 34) mit dem Unterschied, dass die Ketongenese im Mitochondrium stattfindet. Cholesterinsynthese und Ketogenese bedienen sich also aus unterschiedlichen β-HMG-CoA-Pools.
2. Als nächstes wird β-HMG-CoA mittels NADPH + H$^+$ **reduziert**, wodurch **Mevalonsäure** (C_6- Körper) entsteht. Bei dieser Reaktion handelt es sich um den geschwindigkeitsbestimmenden Schritt der Cholesterinbiosynthese. Enzym = **β-HMG-CoA-Reduktase**
3. Durch **Phosphorylierungen** (unter ATP-Verbrauch) und **Decarboxylierung** wird die Mevalonsäure jetzt zu **Isopentenyl-Pyrophosphat** (aktives Isopren, C_5-Körper) umgewandelt.
4. Dann entsteht durch **Isomerisierung** und **Polymerisierung** aus sechs Molekülen aktiven Isoprens ein Molekül **Squalen** (C_{30}-Körper).
5. Squalen wird zum **Lanosterin** (C_{30}-Körper) **zyklisiert**, sodass erstmals ein geschlossenes Ringsystem entsteht und das Cholesterin bald fertig ist.
6. Nun noch schnell eine **Hydroxylierung**, gefolgt von einer **Sättigung der Seitenkette** und der **Abspaltung dreier Methylgruppen** und schon ist aus Lanosterin das ersehnte **Cholesterin** (C_{27}-Körper) entstanden.

2 Fettsäuren und Lipide

> **Merke!**
>
> Farnesylpyrophosphat (Farnesyldiphosphat) ist ein Zwischenprodukt der Cholesterinsynthese (und der Ubichinonsynthese). Es entsteht aus Geranylpyrophosphat (Geranyldiphosphat) und ist eine Vorstufe des Squalen.

2.7.2 Regulation der Cholesterinbiosynthese

Wie bereits erwähnt, stellt die Reduktion von β-HMG-CoA zu Mevalonsäure den geschwindigkeitsbestimmenden Schritt der Cholesterinbiosynthese dar. Damit ist die **β-HMG-CoA-Reduktase** das **Schrittmacherenzym** und wird in ihrer Aktivität reguliert. Die wichtigste Regulation ist dabei die **negative Rückkopplung** durch Cholesterin und Gallensäuren (die ja aus Cholesterin entstehen, s. 1.5.4, S. 12). Cholesterin reguliert über SREBPs (sterol regulatory element-binding proteins) die Transkription der HMG-CoA-Reduktase. Die Hemmung der Enzymaktivität durch Cholesterin erfolgt durch eine Senkung der Transkriptionsrate des Enzyms, was auch als **Reprimierung** bezeichnet wird.

Übrigens ...
- Im Hungerzustand sinkt die Aktivität der β-HMG-CoA-Reduktase ebenfalls ab. Hierdurch wird die positive Wirkung des Fastens auf den Cholesterinspiegel erklärt.
- Zur Behandlung eines erhöhten Cholesterinspiegels dienen Medikamente (Statine), die die β-HMG-CoA-Reduktase hemmen und dadurch die körpereigene Cholesterinproduktion senken. Statine sind Strukturhomologa der Mevalonsäure.

2.8 Lipoproteine

Nun hast du das Thema Fettstoffwechsel beinahe geschafft! Es fehlt nur noch das Kapitel der Lipoproteine. Falls du bald eine Pause benötigst, um neue Kraft zu tanken, so empfiehlt es sich, diese jetzt zu nehmen, da dieses Kapitel zu den **absoluten Topthemen des schriftlichen Physikums** zählt. Aber auch für die Klinik spielt dieses Kapitel eine außerordentlich wichtige Rolle.

2.8.1 Aufbau und Funktion der Lipoproteine

Lipoproteine sind ein **Transportsystem für Lipide** im Blut. Sie bilden dabei variable **Komplexe** aus **apolaren Lipiden** (Triacylglycerine, Cholesterin), **amphiphilen Lipiden** (Phospholipide) und **Proteinen** (Apolipoproteine).
Bei der Struktur der Lipoproteine unterscheidet man zwischen einem **Kern** und einer **Hülle**. Der Kern der Lipoproteine enthält die apolaren Lipide. Die Hülle besteht aus den amphiphilen Lipiden und den Apolipoproteinen. Durch diese Bestandteile der Hülle wird der Lipidtransport im hydrophilen Medium Blut ermöglicht. Die **Apolipoproteine** der Lipoproteinhülle werden im **Darm (Apolipoprotein B_{48})** und in der **Leber (Apolipoprotein B_{100})** synthetisiert. Neben der Lösungsvermittlung im Blut funktionieren sie auch als Signalübermittler (z. B. als Ligand für Lipoproteinrezeptoren) und sind daher für den Stoffwechsel der Lipoproteine von enormer Bedeutung (s. 2.8.3, S. 45).

> **Merke!**
>
> Die mRNA für das Apolipoprotein B_{48} unterliegt in Enterozyten einem mRNA-Editing.

2.8.2 Einteilung der Lipoproteine

Es gibt verschiedene Möglichkeiten, die Lipoproteine sinnvoll zu gruppieren. Prüfungsrelevant sind allerdings nur die Einteilungen nach der **Dichte** und nach der **Wanderung in der Elektrophorese**.

Einteilung nach der Dichte

Die Einteilung nach der Dichte erfolgt mithilfe einer Zentrifuge. Je größer die Dichte eines Lipoproteins, desto schneller sinkt es beim Zentrifugieren nach unten. So ergeben sich folgende Lipoproteinklassen:
- Chylomikronen: geringste Dichte
- **V**ery **L**ow **D**ensity **L**ipoprotein (VLDL): sehr geringe Dichte
- **I**ntermediate **D**ensity **L**ipoprotein (IDL): geringe Dichte
- **L**ow **D**ensity **L**ipoprotein (LDL): geringe Dichte
- **H**igh **D**ensity **L**ipoprotein (HDL): hohe Dichte

Betrachtet man die Menge der Apolipoproteine dieser Lipoproteine, so fällt auf, dass die Dichte der Lipoproteine mit ihrem Anteil an Proteinen zunimmt.

Einteilung nach der Wanderung in der Elektrophorese

Die Wanderung der Lipoproteine in der Elektrophorese hängt ebenfalls von ihrem Proteinanteil ab. Manche Lipoproteine wandern gar nicht (Chylomikronen – niedriger Proteinanteil), andere wandern mit der α-, prä-β oder β-Globulin-Fraktion. Die Tab. 4, S. 45 liefert dir einen Überblick über die wichtigsten Eigenschaften der Lipoproteine. Da im schriftlichen Physikum kaum nach den Eigenschaften des IDLs gefragt wird, wurde an dieser Stelle darauf verzichtet. Dafür solltest du die Eigenschaften der übrigen Lipoproteine jedoch umso besser wissen!

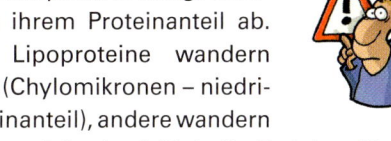

Übrigens ...
Ein wichtiges Apolipoprotein der Chylomikronen ist Apolipoprotein E. Es bindet rezeptorspezifisch an Leberzellen und hat eine wichtige Funktion bei der Verstoffwechslung triglyceridreicher Bestandteile der Chylomikronen. Mutationen im Gen für Apolipoprotein E können zu Erhöhung der Blutfette führen.

2.8.3 Stoffwechsel der Lipoproteine

Fragen zum Stoffwechsel der Lipoproteine waren bislang Bestandteil jedes Physikums (s. Abb. 29, S. 46). Es lohnt sich daher, diesen Abschnitt hochkonzentriert zu lesen, hoffentlich das meiste davon zu behalten und in der Prüfung dann eifrig zu punkten.

Beginnen wir mit den Lipiden aus der **Nahrung**: Die über den Darm resorbierten Lipide (v. a. Fettsäuren und β-Monoacylglycerine) werden in den **Enterozyten** zu **Triacylglycerinen** resynthetisiert. Diese werden weiter zu **Chylomikronen** (= ChMi) verpackt und an die **Lymphe** abgegeben. Über den Ductus thoracicus und den lin-

	Chylomikronen (ChMi)	VLDL	LDL („böse")	HDL („gut")
Bildungsort	Darmmukosa	Leber	periphere Blutgefäße	Leber
Cholesterin [%]	5	19	45	18
Proteine [%]	1	10	20	50
Triglyceride [%]	90	50	10	1–5
Apolipoproteine	CII, B_{48}	CII, B_{100}	B_{100}	A
Lipidabgabe durch	Lipoproteinlipase (aktiviert durch CII)	Lipoproteinlipase (aktiviert durch CII)	rezeptorvermittelte Endozytose	LCAT (s. Kapitel 2.8.3, S. 45)
Elektrophorese	keine Wanderung	prä-β	β	α

Tab. 4: Übersicht der Lipoproteine

2 Fettsäuren und Lipide

ken Venenwinkel gelangen die Chylomikronen in den **systemischen Blutkreislauf**. Im Blut nehmen die ChMi von HDL Apolipoproteine auf, darunter auch das Apolipoprotein CII.

Nach fetthaltigen Mahlzeiten führen Lipoproteine zu einer vorübergehenden Trübung des Blutplasmas. Sie schwimmen zu den Kapillaren der peripheren Gewebe (z. B. Muskel- und Fettgewebe), an die sie sich anheften. Die v. a. an der **Außenseite** der Kapillarendothelzellen lokalisierte **Lipoproteinlipase** spaltet die Triacylglycerine der Chylomikronen zu Glycerin und Fettsäuren. Die Fettsäuren werden von den extrahepatischen Geweben aufgenommen. Das Glycerin hingegen wird (ohne Transportmolekül) zur Leber transportiert und dort in den Stoffwechsel eingeschleust. Die Lipoproteinlipase wird durch das **Apolipoprotein CII (Apo CII)** der Chylomikronen aktiviert und parallel durch Insulin induziert. Die Chylomikronen schrumpfen durch die Abgabe ihrer Lipide zu **Remnants**. Diese Remnants schwimmen zur Leber und werden dort durch rezeptorvermittelte Endozytose aufgenommen.

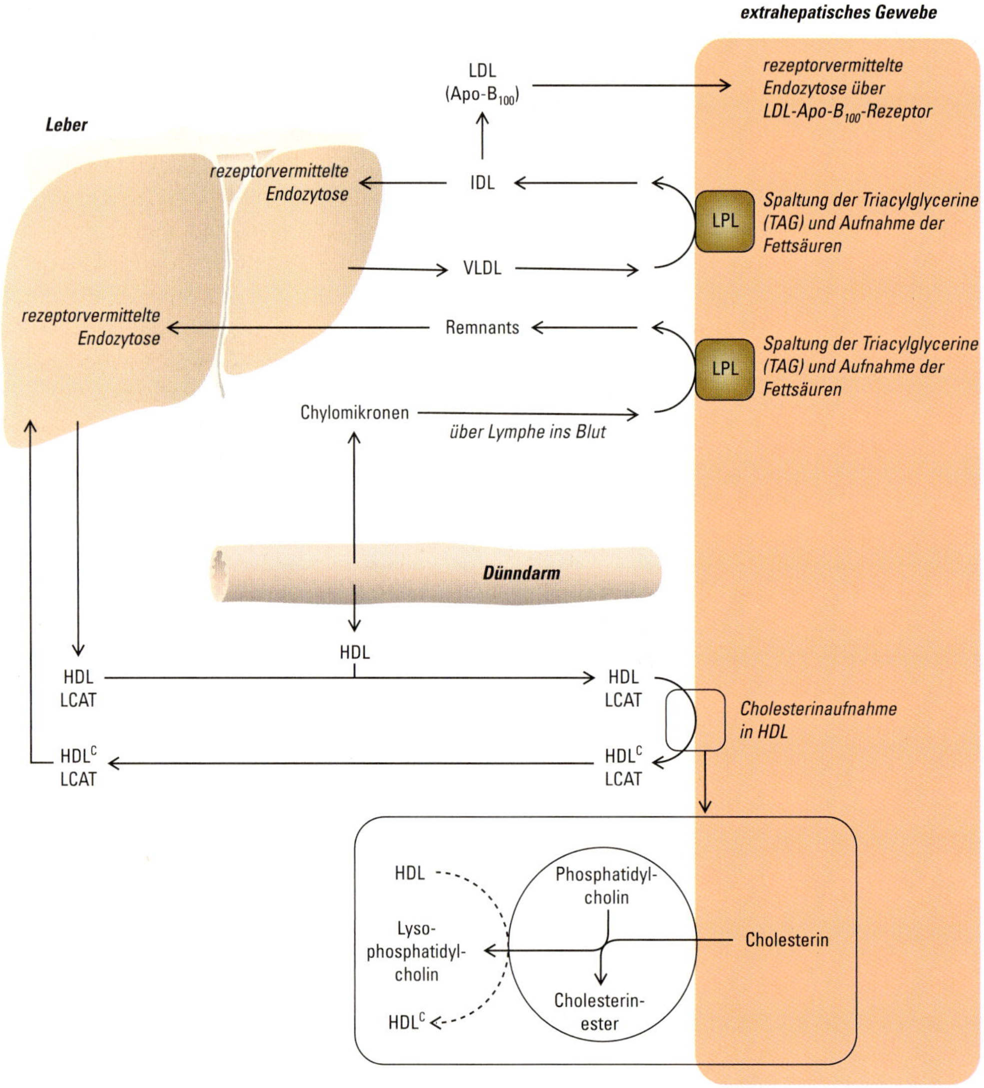

Abb. 29: Stoffwechsel der Lipoproteine

medi-learn.de/6-bc7-29

2.8.3 Stoffwechsel der Lipoproteine

Kommen wir jetzt zu den **VLDL**, die in der Leber synthetisiert werden: VLDL bestehen sowohl aus endogen synthetisierten als auch aus – mit der Nahrung aufgenommenen – exogenen Lipiden. Das Verhalten der VLDL im Blut ähnelt dem der Chylomikronen: VLDL verfügen ebenfalls über das **Apo CII**, durch das die **Lipoproteinlipase** der Zellen aktiviert wird. Durch die Abgabe ihrer Triacylglycerine schrumpfen auch die VLDL, nur bildet sich dadurch **IDL**. Dieses Lipoprotein schlägt **zwei verschiedene Wege** ein.
- Ein Teil des IDL gelangt zurück zur Leber und wird durch sie aufgenommen.
- Die restlichen IDL werden im peripheren Blut zu LDL umgewandelt.

Die Umformung der IDL zu LDL erfolgt durch die Abspaltung aller Apolipoproteine des IDL bis auf das **Apo B_{100}**.

Und schon sind wir beim nächsten Kandidaten, dem „bösen" **LDL**: Das aus IDL gebildete LDL ist sehr **cholesterinreich** und dient daher der Versorgung peripherer Gewebe mit Cholesterin. Hierbei wird LDL durch **rezeptorvermittelte Endozytose** in die Zielzellen aufgenommen. Als Ligand für den membrangebundenen LDL-Rezeptor dient sein Apo B_{100}.

Nach Bindung von Apolipoprotein B100 an den Rezeptor kommt es zur Einstülpung des der Zellmembran. Die gebundenen Rezeptoren befinden sich vor allem in besonderen Stellen der Zellmembran (sog. „pits" = Gruben). Diese Gruben sind mit dem Protein Clathrin ummantelt (sog. „clathrin-coated pits"), das eine korbartige Struktur um die sich einstülpende Zellmembran bildet.

Das Happy End bildet das „gute" **HDL**: Die HDL werden in Leber und Darm synthetisiert und enthalten als Lipide v. a. Phosphatidylcholin. Von allen Lipoproteinen des Blutplasmas haben sie den höchsten Gewichtsanteil an Apolipoproteinen. HDL dienen dem Transport von Cholesterin aus den extrahepatischen Geweben zur Leber, da nur hier die Cholesterinausscheidung bzw. Cholesterinmetabolisierung zu Gallensäuren möglich ist. Im Plasma binden die HDL das in der Leber synthetisierte und ans Blut abgegebene Enzym Lecithin-Cholesterin-Acyltransferase (LCAT). Die LCAT wird durch das **Apolipoprotein A_1** der HDL aktiviert und katalysiert die Acylierung von Cholesterin:

Cholesterin + Phosphatidylcholin 1 Cholesterinester + Lysophosphatidylcholin

Bei dieser Reaktion wird eine Fettsäure des Phosphatidylcholins genutzt, um mit dem aufgenommenen Cholesterin einen Cholesterinester zu bilden. Das nun um eine Fettsäure ärmere Phosphatidylcholin wird als Lysophosphatidylcholin bezeichnet. Durch diese Reaktion nimmt der Gehalt der HDL an Cholesterin zu, während ihr Gehalt an Phosphoglycerinen abnimmt, da das gebildete Lysophosphatidylcholin abdiffundiert. Das Cholesterin nimmt somit den Platz der Phosphoglycerine ein. Cholesterinreiches HDL gelangt zurück zur **Leber**, wo das Cholesterin endgültig ausgeschieden bzw. metabolisiert wird. Lipoproteine spielen eine wichtige Rolle bei der Pathogenese der Arteriosklerose. Dabei gilt ein hoher LDL-Spiegel als Risikofaktor für die Entstehung und das Fortschreiten dieser Erkrankung (Abgabe von Cholesterin an die Blutgefäße), während ein hoher HDL-Spiegel diesbezüglich protektiv wirken soll (Einsammeln von Cholesterin und Transport zur Leber). Aus diesem Grund wird LDL auch als „böses" und HDL als „gutes" Cholesterin bezeichnet.

Zur Abschätzung des kardiovaskulären Risikoprofils wird neben der Bestimmung der Einzelwerte auch der LDL/HDL-Quotient berechnet: Ein LDL/HDL-Quotient unter drei gilt als günstig, während ein LDL/HDL-Quotient über vier einen Risikofaktor darstellt.

> **Übrigens …**
> Der LDL-Rezeptor dient der Aufnahme cholesterinreicher LDL-Partikel und spielt somit eine wichtige Rolle für den Cholesterinspiegel im Blut. Der LDL-Rezeptor wird im endoplasmatischen Retikulum und Golgi-Apparat synthetisiert. Sinken die Cholesterinanteile in der Membran des ER, so führt dies zu einer verstärkten Transkription des LDL-Gens mit dem Ziel, vermehrt Cholesterin in die Zelle aufzunehmen.

3 Leber

📊 Fragen in den letzten 10 Examen: 7

Die Leber hat durch ihre zentrale Stellung im Glucose-, Protein- und Lipidstoffwechsel eine lebenswichtige Funktion für den Organismus. Patienten, deren Leberfunktion (z. B. durch eine Zirrhose) deutlich reduziert ist, sind daher auf vielfältige Weise beeinträchtigt und ab einem bestimmten Grad sogar akut bedroht. Eine Voraussetzung, um die verschiedenen Symptome einer Leberinsuffizienz zu verstehen, ist ein fundierter Überblick über die verschiedenen Stoffwechselleistungen der Leber. Viele dieser Funktionen wurden bereits in diesem Skript besprochen oder sind Gegenstand der anderen Biochemieskripte. Dieses Kapitel fasst nochmals die prüfungsrelevanten Aspekte zur Leber zusammen. Es dient daher zum einen als kleine Wiederholung, vermittelt aber auch einen synoptischen Überblick über die Stoffwechselleistungen dieses wichtigen Organs.

> **Übrigens ...**
> Besonders wichtig für die spätere Tätigkeit als Arzt ist die Funktion der Leber als zentrales Organ zur Entgiftung körpereigener und körperfremder Substanzen (v. a. Medikamente). Diese Funktion der Leber wird als **Biotransformation** bezeichnet und ist Thema des zweiten Abschnitts dieses Kapitels.

3.1 Stoffwechselfunktionen der Leber

In diesem Abschnitt sind die wichtigsten Stoffwechselfunktionen der Leber zusammengefasst. Er soll dir einen besseren Überblick ermöglichen und stellt außerdem eine gute Wiederholung des bisher Gelernten dar.

3.1.1 Glucose-Stoffwechsel

Die Leber ist das zentrale Organ der **Glucosehomöostase**. Bei **Nahrungsüberschuss** speichert sie die aufgenommene Glucose in Form von Glykogen (**Glykogenese**). Sobald der Glykogenspeicher gefüllt ist, wird die überschüssige Glucose in Acetyl-CoA umgewandelt und dient der **Fettsäuresynthese** (s. 2.5, S. 37). Aus den synthetisierten Fettsäuren werden Triacylglycerine aufgebaut (s. Kapitel 2.6, S. 41), die mittels VLDL zum Fettgewebe transportiert und dort als Depotfett gespeichert werden (s. 2.8.3, S. 45).

Liegt ein **Energiemangel** vor, so hält die Leber den Glucosespiegel zunächst über einen Abbau ihres Glykogenspeichers konstant (**Glykogenolyse**). Ist dieser aufgebraucht, muss Glucose über den Weg der **Gluconeogenese** von der Leber neu synthetisiert und dem Organismus zur Verfügung gestellt werden. Die Energie (ATP) für die energieaufwendige Gluconeogenese erhält die Leber durch Oxidation von Fettsäuren (s. 2.3.2, S. 31), die wiederum aus der Lipolyse des Fettgewebes stammen (s. 2.3.1, S. 30).

3.1.2 Lipidstoffwechsel

Auch für den Lipidstoffwechsel ist die Leber von zentraler Bedeutung. Sie dient dem Abbau, Umbau, Aufbau und der Speicherung verschiedener Lipide (z. B. Fettsäureabbau s. 2.3.2, S. 31; Synthese ungesättigter Fettsäuren s. 2.5.3, S. 40; Biosynthese der Triacylglycerine s. 2.6, S. 41). Über **VLDL** versorgt die Leber periphere Gewebe mit Fetten (s. 2.8.3, S. 45).

Eine besonders wichtige Stellung nimmt die Leber im Lipidstoffwechsel bei **Energiemangel** (Hungerzustand, s. 1.3, S. 5) ein: Die durch die Lipolyse des Fettgewebes freigesetzten Fettsäuren werden durch die **β-Oxidation** in der Leber zu energiehaltigen Acetyl-CoA-Molekülen abgebaut (s. 2.3.2, S. 31). Zum einen baut die Leber diese Acetyl-CoAs zu ATP ab, das sie für ihre energieaufwendige Gluconeogenese benötigt. Zum anderen synthetisiert sie aus den produzierten Acetyl-CoAs die Ketonkörper (s. 2.4, S. 34), die ans Blut abgegeben werden und den peripheren Geweben zur Energiegewinnung dienen.

Auch die Synthese der **Gallensäuren** (s. 1.5.4, S. 12) unterstreicht den hohen Stellenwert der Leber im Lipidstoffwechsel, da diese eine essenzielle Rolle bei der Verdauung und Resorption der Nahrungslipide spielen.

3.1.3 Protein-Stoffwechsel

Zu guter Letzt übernimmt die Leber auch eine zentrale Stellung im Stoffwechsel der Proteine und ihrer Aminosäuren. So übernimmt sie z. B. die wichtige Aufgabe, den beim Abbau der Proteine entstandenen Ammoniak über den **Harnstoffzyklus** zu Harnstoff zu entgiften.
Eine weitere lebenswichtige Aufgabe der Leber ist die Synthese der Plasmaproteine. Mit Ausnahme der Immunglobuline (Plasmazellen) werden in der Leber alle **Plasmaproteine** produziert und an das Blut abgegeben. Hierzu zählen unter anderem:
- das Transportmolekül Albumin (Synthese an ER-gebundenen Ribosomen),
- weitere wichtige Transportmoleküle wie z. B. Transferrin (für Eisenionen) und Coeruloplasmin (für Kupferionen),
- die Faktoren der Blutgerinnung wie z. B. Prothrombin und Fibrinogen,
- Signalmoleküle wie Angiotensinogen, Kinine und Apolipoproteine und
- zahlreiche Enzyme wie LCAT, Lipoproteinlipase und Cholinesterase.

> **Merke!**
>
> Bei einer Funktionsstörung der Leber kommt es im Blut zum Anstieg von Ammoniak und Bilirubin, während die Konzentration der in der Leber gebildeten Plasmaproteine abnimmt (u. a. Gerinnungsfaktoren, Albumin).

3.1.4 Weitere Stoffwechselleistungen in der Leber

Neben den bisher erwähnten Stoffwechselwegen gibt es noch weitere Vorgänge, für die die Leber eine zentrale Rolle spielt. In diesem Abschnitt werden die wichtigsten von ihnen vorgestellt.
- **Kreatinsynthese:** Kreatin wird in Niere und Leber aus Glycin und Arginin hergestellt und gelangt über den Blutweg zur Muskulatur. Dort stellt es in seiner phosphorylierten Form eine wichtige **Energiereserve** dar.
- **Speicherung von Vitaminen** wie Vitamin B_{12} und Folsäure.
- **Ethanolabbau:** Die Leber ist das wichtigste Organ für den Abbau von Ethanol. Dieses wird dabei in **zwei Schritten** zu Acetat **oxidiert**:
    - Oxidation von Ethanol zu Acetaldehyd – Enzym: Alkohol-Dehydrogenase
    - Oxidation von Acetaldehyd zu Acetat – Enzym: Aldehyd-Dehydrogenase

    Als **Oxidationsmittel** dient beiden Schritten NAD^+. Bei hohem Ethanol-Konsum entsteht demnach viel $NADH + H^+$. Die Verschiebung des Verhältnisses von NAD^+ hin zu **$NADH + H^+$** beeinflusst viele Stoffwechselwege der Leber. So wird z. B. die Gluconeogenese durch einen hohen $NADH + H^+$-Spiegel gehemmt, was zu einer gefährlichen **Hypoglykämie** führen kann.
- **Bilirubin-Ausscheidung:** Häm kann im Organismus nur bis zur Stufe des Bilirubins abgebaut werden. Da Bilirubin eine lipophile Substanz ist, wird es in der Leber zunächst an zwei Moleküle Glucuronsäure gekoppelt (Bilirubin-Diglucuronid) und in dieser Form über die Galle in den Darm

abgegeben. Daher führen Leberfunktionsstörungen zu einem Anstieg von Bilirubin im Blut und somit zur Gelbsucht (Ikterus).
- **Kupferausscheidung**: Bei Überschuss an Kupfer in den Hepatozyten werden Kupferionen an die Gallenkanälchen abgegeben.

Ethanol wird in der Leber oxidativ zu Acetyl-CoA abgebaut. Bei chronischem Alkoholabusus kommt es aufgrund des Überangebots an Acetyl-CoA zu einer gesteigerten Fettsäure- und Triglycerid-Synthese.
Die Entwicklung einer Fettleber ist die Folge. (Ethanol→Acetaldehyd→Acetat→Acetyl-CoA→Malonyl-CoA→FS-Synthese)

> **Übrigens ...**
> Teile der asiatischen Bevölkerung weisen eine Mutation im Aldehyd-Dehydrogenase-2-Gen auf. Bei den betroffenen Personen führt bereits die Aufnahme geringer Mengen Alkohols zu Symptomen wie Kopfschmerzen, Übelkeit und Herzrasen (asian flush).

3.2 Biotransformation (Entgiftung)

Das Thema Biotransformation bildet das letzte Kapitel dieses Skripts. Ganz nach dem Motto „last but not least" solltest du diesem Abschnitt jedoch besondere Zuwendung schenken, da es sich auch hierbei um ein Kapitel handelt, welches sowohl für das schriftliche Physikum als auch für deine spätere Tätigkeit als Arzt in hohem Maße wichtig ist. So waren bislang Fragen zu diesem Thema fester Bestandteil jedes schriftlichen Examens. Diesbezüglich solltest du dir unbedingt merken, welche chemische Reaktion in welchem Schritt der Biotransformation auftaucht.
Des Weiteren wird häufig nach den mischfunktionellen Monooxygenasen gefragt (s. 3.2.1, S. 51).
Auch in der Klinik spielt die Biotransformation eine herausragende Rolle, da viele Medikamente über diese Funktion der Leber verstoffwechselt werden.

Nun aber genug der einleitenden Worte und rein ins Geschehen:
Die Leber ist das zentrale Organ zur Entgiftung körpereigener und körperfremder Substanzen. Verantwortlich für diese Funktion ist ihr Biotransformationssystem, das im **glatten endoplasmatischen Retikulum** der Hepatozyten lokalisiert ist. Die Biotransformation verfolgt dabei zwei Ziele:
1. Die giftige Substanz soll in eine wirkungslose Substanz umgewandelt werden (Entgiftung).
2. Die Substanz soll in eine Form überführt werden, die ihre Ausscheidung über die Niere (Harn) oder die Galle (Stuhl) ermöglicht.

Grundsätzlich kann der Organismus nur **polare Stoffe** ausscheiden. Daher dient die Biotransformation der Umwandlung apolarer, lipophiler Substanzen in polare und somit wasserlösliche Substanzen. Dies gelingt der Leber durch **Kopplung** der apolaren Stoffe an polare Substanzen. Diese Koppelungsreaktion ist die Phase II der Biotransformation. Eine direkte Koppelung polarer Substanzen an die apolare, auszuscheidende Substanz ist nämlich nur selten möglich, da diese meist reaktionsträge ist. Häufig muss die apolare Substanz zuvor durch Einführung einer reaktiven Gruppe aktiviert werden. Diese Umwandlungsreaktionen von lipophilen, reaktionsträgen zu reaktionsfreudigeren Substanzen als Voraussetzung für die anschließende Kopplungsreaktion stellen die Phase I der Biotransformation dar.
Bei dem Versuch der Leber, Stoffe durch Umwandlung zu entgiften, können zum Teil auch noch giftigere Verbindungen entstehen (**Giftung**). Ein Beispiel ist die Oxidation von Methanol über Formaldehyd zur hochtoxischen Ameisensäure. Außerdem können primäre, nicht kanzerogene (nicht krebserregende) Substanzen durch Modifikationen des Biotransformationssystems ungewollt in kanzerogene Substanzen umgewandelt werden (einige Pharmaka).

3.2.1 Phase I (Umwandlungsreaktionen)

Die **Phase I** der Biotransformation dient der **Einführung reaktiver Gruppen** in die zu entgiftende Substanz, um diese für die anschließende Kopplung mit einer polaren Substanz zu aktivieren. Bei diesen Gruppen handelt es sich u. a. um **Hydroxyl-** (-OH), **Carboxyl-** (-COOH) und Aminogruppen (-NH$_2$).

Am häufigsten werden die auszuscheidenden Substanzen mit dem Einbau von OH-Gruppen oxidiert. Bei den dafür notwendigen Enzymen handelt es sich um **mischfunktionelle Monooxygenasen** (Hydroxylasen). Diese haben **Cytochrom P450** als prosthetische Gruppe und benötigen für den Einbau der OH-Gruppen **molekularen Sauerstoff** sowie **NADPH + H$^+$**. Als Produkte entstehen das hydroxylierte Substrat und Wasser.

Das Cytochrom P450 dient dabei als Elektronenüberträger der Hydroxylasen. Es enthält dreiwertiges Eisen (Fe^{3+}) in Form von Häm, das im Verlauf der Hydroxylierungsreaktion zu zweiwertigem Eisen (Fe^{2+}) reduziert wird. An der Hydroxylierungsreaktion ist auch eine Flavin-haltige Cytochrom P450-Reduktase beteiligt.

> **Übrigens ...**
> Die Monooxygenasen sind induzierbar. Eine langanhaltende Belastung des Organismus mit entsprechenden Substraten (z. B. Barbituraten) führt daher zu einer Induktion (Zunahme) der Monooxygenasen, verbunden mit einer Zunahme des endoplasmatischen Retikulums der Hepatozyten.

3.2.2 Phase II (Kopplungsreaktionen)

In der **Phase II** erfolgt die **Kopplung** (Konjugation) der auszuscheidenden Substanz mit einer polaren (hydrophilen) Substanz. Die entstandenen Konjugate können anschließend über die Galle/Stuhl oder den Harn ausgeschieden werden. Gekoppelt wird u. a. mit:

- **Glucuronsäure** (Reaktion mit UDP-Glucuronsäure),
- **Sulfat** (Reaktion mit 3'-Phosphoadenosyl-5'-Phosphosulfat = PAPS),
- **Acetat** (Reaktion mit Acetyl-CoA),
- Aminosäuren (z. B. Glycin, Taurin → Taurocholsäure) und
- dem Tripeptid **Glutathion**.

> **Übrigens ...**
> Damit Bilirubin ausgeschieden werden kann, wird es an Glucuronsäure gekoppelt.

DAS BRINGT PUNKTE

Das Kapitel zu **Fettsäuren und Lipiden** ist zugegebenermaßen recht umfangreich und auch lernintensiv. Vielleicht werden gerade deswegen hierzu häufig Fragen gestellt. Die folgenden Fakten solltest du dir besonders gut merken:

- Der Organismus kann aus Linolsäure Arachidonsäure herstellen.
- Die hormonsensitive Lipase wird durch Proteinkinase-A-abhängige Phosphorylierung aktiviert.
- Die β-Oxidation liefert $FADH_2$ und $NADH + H^+$, die Fettsäuresynthese benötigt $NADPH + H^+$.
- Ketonkörper werden in den Mitochondrien der Leber aus Acetyl-CoA gebildet.
- Die Fettsäuresynthase verwendet Malonyl-CoA als Substrat.
- Die Biosynthese der Triacylglycerine verläuft in den verschiedenen Geweben unterschiedlich.
- Das Schrittmacherenzym der Cholesterinbiosynthese ist die HMG-CoA-Reduktase.
- LDL werden über Apolipoprotein-Rezeptoren für Apo B_{100} von peripheren Zellen erkannt und über rezeptorvermittelte Endozytose aufgenommen.
- Die Triacylglycerine der Chylomikronen und VLDL werden an der Außenseite der Zellen durch die Lipoproteinlipase in Fettsäuren und Glycerin gespalten. Die Fettsäuren werden von den extrahepatischen Zellen aufgenommen. Das Glycerin wird zur Leber transportiert.
- Besonders wichtig, da häufig gefragt, ist die Chemie der Lipide. Hier solltest du dir auch die Struktur der wichtigsten Moleküle genau anschauen.

Der mit Abstand wichtigste Bereich des Kapitels Leber ist die **Biotransformation**. Dies liegt nicht daran, dass der Rest unwichtig ist, sondern daran, dass die übrigen Themen hier nur wiederholt wurden und die dazu gestellten Fragen bereits an anderen Stellen behandelt sind (s. 2.5, S. 37). Zur Biotransformation solltest du dir folgende Fakten besonders gut einprägen:

- Die Cytochrom-P450-abhängigen Monooxygenasen des Biotransformationssystems sind im endoplasmatischen Retikulum der Hepatozyten lokalisiert.
- Bei der durch mischfunktionelle Monooxygenasen katalysierten Hydroxylierung entsteht aus $NADPH/H^+$ und Sauerstoff Wasser (H_2O).
- Das Substrat für die Sulfatierung der Phase II der Biotransformation ist 3'-Phosphoadenosyl-5'-Phosphosulfat (PAPS).
- Die wichtigen Reaktionen der Phase I sind: Hydroxylierung, Carboxylierung und Amidierung.

FÜRS MÜNDLICHE

Fettsäuren und Lipide haben es in sich – nicht nur hinsichtlich des Nährwerts, sondern auch als umfangreicher Lernstoff. Wenn du dir den aber fürs Schriftliche schon gründlich erarbeitet hast, verliert das Thema in der mündlichen Prüfung beinahe von selbst seinen Schrecken. Antworten kannst du dann unter anderem auf folgende Fragen:

1. **Beschreiben Sie bitte kurz die Regulation der Lipolyse.**
2. **Welche Funktion hat der Carnitin-Shuttle?**

FÜRS MÜNDLICHE

3. Welche wichtigen Unterschiede bestehen zwischen β-Oxidation und Fettsäuresynthese?

4. Was sind Ketonkörper? Was ist die Ursache einer gesteigerten Ketonkörpersynthese beim Typ I Diabetes mellitus?

5. Erläutern Sie bitte die Regulation der Cholesterinbiosynthese.

6. Welche generelle Struktur haben Lipoproteine und warum?

7. Beschreiben Sie bitte die Phasen der Biotransformation.

8. Wie wird Ethanol in der Leber abgebaut?

9. Nennen Sie wichtige in der Leber synthetisierte Proteine.

---

1. Beschreiben Sie bitte kurz die Regulation der Lipolyse.
Der cAMP-Spiegel wird streng hormonell kontrolliert: Die lipolytischen Hormone (Glukagon, Adrenalin) steigern den cAMP, die antilipolytische Hormone (Insulin) senken den cAMP in der Fettzelle. Das cAMP aktiviert die Proteinkinase A, die die Triacylglycerinlipase phosphoryliert und somit aktiviert. Diese spaltet in ihrer aktivierten Form Triacylglycerine → Lipolyse.

2. Welche Funktion hat der Carnitin-Shuttle?
Acyl-CoA kann die innere Mitochondrienmembran nicht passieren. An der Außenseite dieser Membran erfolgt die Übertragung des Acyl-Rests auf Carnitin. Dieses Acyl-Carnitin passiert die innere Mitochondrienmembran. Im Matrixraum wird der Acyl-Rest wieder auf ein CoA übertragen und es entsteht Acyl-CoA.

3. Welche wichtigen Unterschiede bestehen zwischen β-Oxidation und Fettsäuresynthese?
Die Unterschiede betreffen folgende Punkte (s. Tab. 3, S. 41):
– Lokalisation in der Zelle
– Enzyme
– Reduktionsäquivalente
– Substrate/Produkte

4. Was sind Ketonkörper? Was ist die Ursache einer gesteigerten Ketonkörpersynthese beim Typ I Diabetes mellitus?
Ketonkörper zeichnen sich chemisch durch das Vorhandensein einer Keto-Gruppe aus (Ausnahme: β-Hydroxybutyrat, das anstelle der Ketogruppe eine Hydroxyl-Gruppe trägt). Sie stellen die Transportform des Acetyl-CoA im Körper dar, welches vor allem aus der β-Oxidation stammt. Im Hungerstoffwechsel dienen Ketonkörper, welche in der Leber synthetisiert werden, den peripheren Geweben als Energiequelle (Ausnahmen: Erythrozyten, Nebennierenmark und initial das ZNS). Beim Diabetes mellitus Typ I führt der Insulinmangel zu einer massiven Steigerung der Lipolyse und β-Oxidation. Das gebildete Acetyl-CoA wird in Ketonkörper umgesetzt, welche ans Blut abgegeben werden.

5. Erläutern Sie bitte die Regulation der Cholesterinbiosynthese.
Das Schrittmacherenzym ist die β-HMG-CoA-Reduktase. Die wichtigste Regulation ist ein negatives Feedback des Cholesterins. Ein hoher Cholesterinspiegel führt dabei zu einer Reprimierung dieses Enzyms.

6. Welche generelle Struktur haben Lipoproteine und warum?
Lipoproteine bestehen aus einem Kern und einer Hülle. Der Kern der Lipoproteine enthält die apolaren Lipide. Die Hülle besteht aus den amphiphilen Lipiden und den Apoli-

FÜRS MÜNDLICHE

poproteinen. Durch die Bestandteile der Hülle erfolgt die Lösungsvermittlung der apolaren Lipide im Blut. Somit wird der Transport apolarer Lipide im hydrophilen Medium Blut ermöglicht.

7. Beschreiben Sie bitte die Phasen der Biotransformation.
Phase I: Erhöhen der Reaktionsfreudigkeit der Substanz durch Einbau reaktiver Gruppen Phase II: Kopplung der Substanz mit einer hydrophilen/polaren Gruppe, um deren Ausscheidung zu ermöglichen

8. Wie wird Ethanol in der Leber abgebaut?
Ethanol wird durch die Alkohol-Dehydrogenase zu Acetaldehyd oxidiert. Anschließend erfolgt die Oxidation von Acetaldehyd zu Acetat durch die Aldehyd-Dehydrogenase. Als Oxidationsmittel dient in beiden Schritten NAD^+.

9. Nennen Sie wichtige in der Leber synthetisierte Proteine.
Synthese aller Plasmaproteine, mit Ausnahme der Immunglobuline:
- Albumin
- Transportmoleküle wie Transferrin und Coeruloplasmin
- Faktoren der Blutgerinnung wie Prothrombin und Fibrinogen
- Signalmoleküle wie Angiotensinogen, Kinine und Apolipoproteine
- Enzyme wie LCAT, Lipoproteinlipase und Cholinesterase

Pause

Geschafft! Hier noch ein kleiner Cartoon als Belohnung ...

Index

Symbole
α-Amylase 10, 15
β-HMG-CoA-Reduktase 43, 44
β-Hydroxybutyrat 35
β-Monoacylglycerine 18
β-Oxidation (Fettsäureabbau) 6, 31, 35, 41, 49

A
Abbau 29
– Fettsäuren 29
– Triacylglycerine 29
Ablauf β-Oxidation 33
Acetoacetat 35
Acetyl-CoA 6, 33, 35, 37, 38, 40, 43, 49
Acetyl-CoA-Carboxylasereaktion 38
Acetylgruppentransfer 38
Acyl-CoA 39, 41
Acylglycerine s. Triacylglycerine 26
Aminopeptidasen 17
Aminosäuren 3, 7
– essenzielle 3, 7
– proteinogene 3
– verzweigte 3
amphiphile Substanzen 14
Apolipoprotein B100 47
Apolipoprotein CII 46
Apolipoproteine 44, 45
Arachidonsäure 41
Asian Flush 50

B
Ballaststoffe 1
Bauchspeichel 11
– Bestandteile 11
Bikarbonat 11
Biosynthese 37, 41
– der Fettsäuren 37
– der Triacylglycerine 41
Biotransformation 50

C
Carboxypeptidasen 11, 14, 17
Cardiolipin 27
Carnitin-Shuttle 32
Ceramid 28
Cerebro-hepato-renales Syndrom 33
Cerebroside 28
Cholesterin 12, 26, 28, 43
– Chemie 24
Cholesterinbiosynthese 43
Cholesterinesterase 11
Chylomikronen 18, 45
Chymotrypsin 11, 14, 17
Chymotrypsinogen 14
Citrat 38
Coenzym A 31, 37
Colipase 18
Cytochrom P_{450} 51

D
Desaturase 41
Detergentien 18

E
Eicosanoide 29
Elastase 11
Emulgierung 17
– emulgierter Nahrungsbrei 18
enterohepatischer Kreislauf 14
Enteropeptidasen 14, 17
erleichterte Diffusion 16
Ernährung 1
– ausgewogene 1
essenzielle Nahrungsbestandteile/-faktoren 1, 3
Exopeptidase 17

F
Farnesyldiphosphat 44
Farnesylpyrophosphat 44
Fettleber 50
Fettsäureabbau s. β-Oxidation 31
Fettsäureaktivierung 31
Fettsäurebiosynthese 40
Fettsäuren 3, 24, 25, 30, 35, 37
– aktivierte Fettsäuren (Acyl-CoA) 41
– Chemie 24
– essenzielle 3
– gesättigte 25
– ungesättigte 25
Fettsäuresynthase 40
Fettverdauung 19

Index

G
Galle 12
Gallenfarbstoffe 12
Gallensäuren 12, 14, 17, 49
– Glykocholsäure 14
– konjugierte Gallensäure 14
– Struktur 14
– Taurocholsäure 14
Ganglioside 28
Gastrin 11
Geranyldiphosphat 44
Geranylpyrophosphat 44
Gluconeogenese 6, 35, 48
glucoplastische Aminosäuren 6
Glucuronsäure 51
GLUT 4-Transporter 31
Glycerin 26, 30
Glykocholsäure 14
Glykogenese 48
Glykogenolyse 6, 48
Glykolipide 28

H
HDL 45
HMG-CoA-Reduktase 44
Hungerstoffwechsel 5
– Frühphase 7
– Spätphase 7

I
IDL 45
Inositphosphatid 27
Insulin 30
Isoleuzin 3
Isomaltase 15
Isopentenyl-Pyrophosphat 43
Isoprenderivate 25

K
kalorisches Äquivalent 2
Kephaline 27
Ketogenese 7, 34
Ketonkörper 7, 30, 34

L
Lactase 15
längerfristige Nahrungskarenz 7

Lanosterin 43
LDL 45
Lecithin 27
Leuzin 3
limitierte Proteolyse 14
Linolensäure 3, 41
Linolsäure 3, 41
Lipase 11
Lipide 24, 28
– Funktion 28
– nicht-verseifbare 24
– verseifbare 24
Lipolyse 6, 30
– Regulation 11
Lipoproteine 44, 45
– Stoffwechsel 46
Lipoproteinlipase 30, 45
Lysin 3

M
Magensaft 10
– Hauptzellen 10
– Nebenzellen 10
Magensaftsekretion 11
– Regulation 11
Malat-Dehydrogenase-Reaktion 41
Malonyl-CoA 38, 40, 41
Maltase 15
Methionin 3
Mevalonsäure 43
mischfunktionelle Monooxygenasen 51
Mizellen 18
Monooxygenasen 51
– mischfunktionelle 51
Mundspeichel 10
– Mucin 10
– Ptyalin 10

N
Nährstoffklassen 1
Nahrungskarenz 6, 35
– längerfristige 7
Natrium-Symport 15, 17
– sekundär-aktiver 15, 17
nicht verseifbare Lipide 24

Index

O
obligate Glucoseverwerter 6
Öle 26
Ölsäure 3, 41
Oxalacetat 35, 38

P
Pankreasinsuffizienz 12
Pankreaslipase 14, 17
Pankreas-α-Amylase 11
Pankreatitis 12
parenterale Ernährung 7
Pepsin 14, 17
Pepsinogen 10, 14
Phenylalanin 3
Phosphatidsäure 26, 27, 43
Phosphodiesterase 30
Phospholipide 12, 28
Phosphorsäurediester 27
physikalischer Brennwert 2
physiologischer Brennwert 1, 2
Procarboxypeptidasen 14
Proenzyme 14
Proteine (= Eiweiße) 4
– Bilanzminimum 4
– biologische Wertigkeit 4
– Denaturierung 17
– protein-anabole Stoffwechsellage 5
– Proteinbedarf 4
– Protein-(Eiweiß)zufuhr 4
– proteinkatabole Stoffwechsellage 5
– Stickstoffbilanz 5
proteinkatabole Stoffwechsellage 6
Proteinkinase A 30
Proteolyse 14
– limitierte 14
Protonen-Symport 17
– sekundär-aktiver 17
Ptyalin = α-Amylase 15

R
Regulation
– Pankreassekretion 12
Remnants 46
respiratorischer Quotient 2, 6
Ribonuklease 11

S
Saccharase 15
Salzsäure 17
sekundär-aktiver Natrium-Symport 15, 17
sekundär-aktiver Protonen-Symport 17
Serinprotease 17
Sphingolipide 27
Sphingomyelin 28
Sphingosin 27
Squalen 43
Stearinsäure 3, 41
Steroide 26, 29
Stickstoffbilanz 5
– negative 5
– positive 5
Stoffwechsel der Lipoproteine 46
Sulfatide 28

T
Terpene 26
Threonin 3
Triacylglycerine 26, 28, 30, 45, 48
Triacylglycerinlipase 30
Triacylglycerinsynthese 42
Trypsin 11, 14, 17
Trypsinogen 14
Tryptophan 3

V
Valin 3
Verdauung der Fette 17
Verdauung der Kohlenhydrate 15
Verdauung der Proteine 17
Verdauungssekrete 10
– Gallensäuren 14
– Mundspeichel 10
verseifbare Lipide 24, 26
VLDL 45, 48

Z
Zellweger-Syndrom 33

Feedback

Deine Meinung ist gefragt!

Es ist erstaunlich, was das menschliche Gehirn an Informationen erfassen kann. Slbest wnen kilene Fleher in eenim Txet entlheatn snid, so knnsat du die eigneltchie lofnrmotian deoncnh vershteen – so wie in dsieem Text heir.

Wir heabn die Srkitpe mecrfhah sehr sogrtfältg güpreft, aber vilcheliet hat auch uesnr Girehn – so wie deenis grdaee – unbeswust Fheler übresehne. Um in der Zuuknft noch bsseer zu wrdeen, bttein wir dich dhear um deine Mtiilhfe.

Sag uns, was dir aufgefallen ist, ob wir Stolpersteine übersehen haben oder ggf. Formulierungen verbessern sollten. Darüber hinaus freuen wir uns natürlich auch über positive Rückmeldungen aus der Leserschaft.

Deine Mithilfe ist für uns sehr wertvoll und wir möchten dein Engagement belohnen: Unter allen Rückmeldungen verlosen wir einmal im Semester Fachbücher im Wert von 250 Euro. Die Gewinner werden auf der Webseite von MEDI-LEARN unter www.medi-learn.de bekannt gegeben.

Schick deine Rückmeldung einfach per E-Mail an support@medi-learn.de oder trag sie im Internet in ein spezielles Formular für Rückmeldungen ein, das du unter der folgenden Adresse findest:

www.medi-learn.de/rueckmeldungen